Pulte

Het Duitse arbeidsrecht

Peter Pulte

Het Duitse arbeidsrecht

De complete kennis voor de praktijk

Dr. Peter Pulte
Professor aan de hoge school voor beroeps onderwijs in Gelsenkirchen

Verlag Personal, Recht, Management Ltd.

Bibliographische Information der deutschen Nationalbibliothek
Die Deutsche Nationalbibliothek verzeichnet diese Publikation in der Deutschen Nationalbibliographie; detaillierte bibliographische Daten sind im Internet über http://dnb.d-nb.de abrufbar.

Übersetzerin:
Nach Ihrem Studium an der Akademie de Schans in Amsterdam war Johanna Hölzgen von 1988-1991 in Bangkok und von 1991-1995 in Singapur tätig. Heute lebt Sie in Düsseldorf.

Niederlassung Deutschland: Lindlaustr. 2a, 53842 Troisdorf

Umschlagskonzeption: Verlag Personal, Recht, Management Ltd.
Titelbild: © www.fotolia.de
Satz: Verlag Personal, Recht, Management Ltd.
Druck: Books on Demand GmbH, Norderstedt
Printed in Germany, Mai 2010

ISBN 978-3-941388-32-1

Voorwoord

In het kader van een economische verordening hebben de regels van het arbeidsrecht een vooraanstaand belang, omdat ze in bijzondere wijze de stelling van de mensen in de werkwereld betreft.

Het huidige arbeidsrecht heeft zich door de industrialisering in de 19. Eeuw met de diversiteit van afhankelijk werkende werknemers uit het dienstcontract recht van de BGB ontwikkelt. Kenmerkend was, dat het arbeidscontract tot algemene basis van de werkverhouding werd en tengevolge van een overaanbod werkkrachten de werkvoorschriften zeer slecht waren. Zo zag zich de staat genoodzaakt, arbeidsbeschermingvoorschriften vast te stellen en regelingen voor sociaalverzekering in te voeren. Deze ontwikkelingen en regularisaties voor medezeggenschap van de werknemer hebben zich gedurende de Weimarer Republiek voort gezet. Tijdens de nationaalsocialistische periode werd deze ontwikkeling gestopt; in plaats van collectieve overeenkomsten trad de autoritaire ordening; CAO overeenkomsten werden door van de staat afgekondigde tariefvoorschriften vervangen, de vakbonden en werknemer verbanden werden opgeheven.

Na 1945 zijn in de Bondsrepubliek Duitsland voormalige regelingen van het arbeidsrecht planmatig en systematisch verder ontwikkeld worden. Dit geld zowel voor de meebestemming in het bedrijf, als ook voor de overkoepelende meebestemming in het bedrijf, en voor de rechten van de individuele werknemer. Zo heeft zich in de loop der tijd het arbeidsrecht van een randgebied van civiel recht tot een zelfstandige, omvattende rechtsmaterie ontwikkelt. Arbeidsrecht wordt ook vaak als speciaal recht voor werknemers betiteld. Maar daarbij moet ook rekening gehouden worden, dat niet alleen de kant van de werknemer, wier behoefte beschut dient te worden en iedere moderne staatsmacht door de wetten van het arbeidsrecht erkend is, geregeld zijn. Het arbeidsrecht omvat ook de rechtsbelangen van de werkgever zijde (Beschutting voor onbillijke beïnvloeding van zijn ondernemende vormgevingsvrijheid), en is daarmee een beroepsrecht voor beide partijen.

In de eerste plaats wil het arbeidsrecht de rechtsverhoudingen tussen werkgever en werknemer – de partijen van het arbeidsrecht – en hun organisatie en interessen vertegenwoordigers regelen. Daar boven uit dient het ter bijzondere beschutting alle in onafhankelijke functie staande personen. Gedurende een arbeidsleven staat de mens met zijn persoonlijke arbeidsprestatie in de voorgrond.

Het grote belang van het arbeidsrecht resulteert zich door het persoonlijk betrokken zijn van het individu en/of zijn beroepsmatige en sociale verplichtingen.

In de na volgende beschrijving van het arbeidsrecht werd uit redenen voor overzichtelijkheid en duidelijkheid bewust op het behandelen van gedetailleerde problemen afstand gedaan, als ook van rechtspraak- en literatuur aanwijzingen.

Inhoudsopgave

Voorwoord **V**

1 Indeling van het Arbeidsrecht **1**

2 Rechtsbronnen **2**

3 Partijen van het arbeidscontract **6**

3.1 Werkgever 6

3.2 Bedrijf - onderneming 6

3.3 Werknemer 6

3.4 Werknemer overeenkomstige personen 7

3.5 Vrije medewerkers 8

4 Het arbeidscontract **9**

4.1 Arbeidscontract en arbeidsverhouding 9

4.2 Motivatie van het arbeidscontract 9
4.2.1 Het ontstaan van een contract 9
4.2.2 Sluiting van een contract 11
4.2.3 Verdragsvrijheid 11
4.2.4 Inhoud van de arbeidsverhouding 13
4.2.5 Minimum arbeidsvoorwaarden 13

4.3 Plichten van de werknemers 13
4.3.1 Arbeidsprestatie 14
4.3.2 Arbeidstijd 14
4.3.3 Overuren 15
4.3.4 Arbeidsoord 16
4.3.5 Loyaliteitsplicht 16
4.3.6 Nevenbetrekking 17
4.3.7 Geheimhoudingsplicht 17
4.3.8 Concurrentieverbod 18
4.3.9 Arbeidsbeschermingplicht 18

4.4 Plichten van de werkgevers 18
4.4.1 Uitbetalingsplicht 18
4.4.2 Loonzekering 18
4.4.3 Tewerkstellingsplicht 19
4.4.4 Gelijke behandeling 19
4.4.5 Zorgplicht 20

5 Bijzondere vormen van de arbeidsverhouding 22

5.1 Proef arbeidsverhouding 22

5.2 Tijdelijke begrenzing 22
5.2.1 Tijdelijke begrenzing uit zakelijke redenen 22
5.2.2 Tijdelijke begrenzing zonder zakelijke redenen 23
5.2.3 Schriftelijke vorm 23
5.2.4 Einde van de tijdelijk begrensde arbeidsverhouding 23

5.3 Deeltijd arbeidsverhouding 24
5.3.1 Aanspraakrecht 24
5.3.2 Termijnen 24
5.3.3 Discriminatie verbod / informatieplichten 25
5.3.4 Opleiding- en Bijscholing- maatregelen 25
5.3.5 Ontslag bescherming 25

5.4 Hulpkracht arbeidsverhouding 25

5.5 Werkzaamheden van geringe omvang 26

5.6 Werknemer afstand 26

5.7 Beroeps opleidende verhouding 28
5.7.1 Toelichting 28
5.7.2 Plichten van de opleiders 29
5.7.3 Plichten van de leerling 29
5.7.4 Vergoedingsaanspraak 29
5.7.5 beëindiging 30
5.7.6 opzegging 30

5.8 Tele-arbeid / Thuiswerk 31

6 Loonbetaling ondanks het niet verrichten van arbeid 32

6.1 Persoonlijke inhibitie redenen 32

6.2 Loondoorbetaling in geval van ziekte 32

6.3 Kuurmaatregelen 33

6.4 Uitbetaling van feest dagen 34

6.5 Vakantie 35

6.6 Educatief verlof 36

6.7 Moederschapzorg / Ouderschapsverlof 36

6.8 Het ziek worden van een kind 37

6.9 Verpleging naaste verwanten 38

7 Aansprakelijkheid in de arbeidsverhouding 39

7.1 Schending van de werknemer plichten 39
7.1.1 Aansprakelijkheid tegenover de werkgever 39
7.1.2 Aansprakelijkheid tegenover derden 40
7.1.3 Manco aansprakelijkheid 40

7.2 Schending van de werkgever plichten 41

8 Prestatie storingen 42

8.1 Onmogelijkheid 42

8.2 Achterstand 43

9 Korter werken / Winter uitvalgeld 45

10 Uitvindingen en verbeteringsvoorslagen 46

10.1 Uitvindingen 46

10.2 Technische verbeteringsvoorslagen 46

11 Bedrijfsovergang / ondernemingsomzettingen 47

11.1 Bedrijfsovergang 47

11.2 Omzettingen 48

12 Insolventie 49

13 Beëindiging van de arbeidsverhouding 50

13.1 Foutief arbeidscontract 50

13.2 De dood van de werknemer 51

13.3 Voor bepaalde tijd 51

13.4 Leeftijdsgrens 51

13.5 Opheffingsoordeel 52

13.6 Opheffingscontract 52

13.7 Op leeftijd deeltijd 53

14 Opzegging 54

14.1 Toegang van de opzegging 54

14.2 Inhoud en vorm van de opzegging 55

14.3 Meebestemming van de ondernemingsraad / Sprekercommissie 55

14.4 Opzeggen van het contract met termijn 56

14.5	Ontslag op staande voet	57
14.5.1	Belangrijke reden	58
14.5.2	Onaanvaardbaarheid	58
14.5.3	Uiterlijke datum	58
14.5.4	contractueel ontslag	58
14.6	Wijzigingsopzegging	59
14.7	Opzeggingsbescherming	59
14.8	Opzeggingsredenen	60
14.8.1	Personenafhankelijke ontslagredenen	61
14.8.2	Gedrag afhankelijke ontslag redenen	62
14.8.3	Bedrijfseconomisch ontslag	63
14.9	De bijzondere ontslag bescherming	65
14.10	Ontslag beschermingsprocedure	66
15	**Het massale ontslag**	**67**
16	**Aanspraken bij een beëindigde arbeidsverhouding**	**69**
16.1	Vrijstelling voor afloop van het contract	69
16.2	Vrije tijd voor het zoeken naar een baan	70
16.3	Concurrentieverbod	70
16.4	Terugbetaling van uitkeringen	71
16.5	Bedrijfspensioenen	72
16.6	Arbeidspapieren	73
16.7	Afstand doen	74
16.7.1	Afstand doen van aanspraken	74
16.7.2	Onontbeerlijke aanspraken	75
16.8	Getuigschrift	75
16.8.1	Waarheidsplicht, welwillendheid	75
16.8.2	Tijdpunt van verstrekking /terhandstelling	76
16.8.3	Aansprakelijkheid van de werkgevers	77
16.9	Informatie van de werkgevers	78
17	**Het bedrijf grondwetrecht**	**79**
17.1	De ondernemingsraad	79
17.1.1	Kiesrecht	80
17.1.2	Kiesprocedure	80
17.1.3	Samenstelling van de ondernemingsraad	81
17.1.4	Rechtspositie van de ondernemingsraadleden	81

17.2	Bedrijfsvergadering	82
17.3	Het economisch comité	82
17.4	Jeugd- en leerling vertegenwoordiging	83
17.5	Individueel recht in de bedrijfsconstitutie	83
17.6	Meebestemming en meewerking van de ondernemingsraad	84
17.6.1	Sociale aangelegenheden	86
17.6.2	Vormgeving van arbeidsplaats en arbeidsverloop	87
17.6.3	Personeel aangelegenheden	88
17.7	Beroepsopleiding	89
17.8	Individuele maatregelen voor personeel	89
17.9	Opzeggingen	90
17.10	Economische aangelegenheden	91
17.11	De arbitragecommissie	93
18	**De Europese ondernemingsraad**	**96**
18.1	Overeenkomst over verwittiging en wederhoor	96
18.2	Europese ondernemingsraad onder vigeur van de wet	97
18.3	Overige voorschriften	97
19	**De sprekercommissie wet**	**98**
20	**De vertegenwoordiging van zwaar gehandicapte**	**100**
20.1	De zwaar gehandicapte vertegenwoordiging	100
20.2	Zwaar gehandicapten gevolmachtigder van de werkgevers	102
21	**Het personeel vertegenwoordigingsrecht**	**103**
21.1	Organisatie	103
21.2	Participatierechten	105
22	**De bedrijfsmedezeggenschap**	**106**
22.1	Medezeggenschapswet 1976	106
22.2	Montan-medezeggenschap wet 1951	107
22.2.1	Een derde participatie	107
23	**Het arbeidsbeschermingrecht**	**109**
23.1	De sociale arbeidsbescherming	110
23.1.1	Kinderarbeidbescherming wet	110

23.1.2 Moederschapzorg wet 111
23.1.3 Zwaar gehandicaptenwet 112

23.2 De technische arbeidsbescherming 114
23.2.1 Regularisatiegebieden van de arbeidsbescherming 114
23.2.2 Toezicht op de arbeidsbescherming 116
23.2.3 Organisatie voor de arbeidsbescherming in het bedrijf 117
23.2.4 Verantwoording voor de arbeidsbescherming 118

24 Collectief arbeidsovereenkomsten recht 120

24.1 Inhoud van de collectieve arbeidsovereenkomst 120
24.1.1 Het schuldrechtelijke deel van de collectieve arbeidsovereenkomst 121
24.1.2 Het normatieve deel van de collectieve arbeidsovereenkomst 122

24.2 De algemeen bindende collectieve arbeidsovereenkomst 123

24.3 Onmiddellijkheid en absolute noodzakelijkheid 124

24.4 Beëindiging van aanspraken volgens tarief 125

24.5 Beëindiging van de collectieve arbeidsovereenkomst 125

24.6 Consequentie van de collectieve arbeidsovereenkomst 125

24.7 Werknemer- detacheringwet (AEntG) 126

25 Arbeidsstrijd 127

25.1 De staking 127

25.2 De uitsluiting 128

25.3 Uitwerkingen op de arbeidsverhoudingen 129

25.4 Rechtsgevolgen voor derde 131

25.5 Arbeidsstrijd en bedrijfsgrondwet 132

26 De arbeidsrechtspraak 133

26.1 De rechtbank voor arbeidszaken 133

26.2 De procedurele categorieën 134

Lijst met afkortingen

AEntG	Werknemer detachering wet (Arbeitnehmer-Entsendegesetz)
AktG	Aandelenwet (Aktiengesetz)
AG	Naamloze vennootschap (Aktiengesellschaft)
AGG	Algemene wet gelijke behandeling (Allgemeines Gleichbehandlungsgesetz)
ArbG	Arbeidsgerecht (Arbeitsgericht)
ArbGG	Arbeidsgerecht wet (Arbeitsgerichtsgesetz)
ArbNErfG	Arbeidnemer vinding wet (Arbeitnehmererfindungsgesetz)
ArbPlSchG	Arbeidsplaatsbescherming wet (Arbeitsplatzschutzgesetz)
ArbSchG	Arbeidsplaaats bescherming wet (Arbeitsschutzgesetz)
ArbStättV	Arbeidsplaatsen verordening (Arbeitsstättenverordnung)
ArbZG	Arbeidstijd wet (Arbeitszeitgesetz)
Art.	Artikel (Artikel)
ASiG	Arbeidsveiligheid wet (Arbeitssicherheitsgesetz)
AÜG	Arbeidnemerafstand wet (Arbeitnehmerüberlassungsgesetz)
BAG	Bonds-arbeidsgerecht (Bundesarbeitsgericht)
BBiG	Beroepsopleiding wet (Berufsbildungsgesetz)
BDSG	Bonds-gegevensbescherming wet (Bundesdatenschutzgesetz)
BEEG	Bonds- ouderschapsgeld-en ouderschapsverlof wet (Bundeselterngeld- und Elternzeitgesetz)
BetrAVG	Wet ter verbetering van de bedrijfspensioenen (Gesetz zur Verbesserung der betrieblichen Altersversorgung)
BetrSichV	Bedrijfsveiligheid verordening (Betriebssicherheitsverordnung)
BetrVG	Bedrijfsgrondwet (Betriebsverfassungsgesetz)
BGB	Burgerlijk wetboek (Bürgerliches Gesetzbuch)
BPersVG	Bonds-personeelvertegenwoordiging wet (Bundespersonalvertretungsgesetz)
BR	Ondernemingsraad (Betriebsrat)
BSeuchG	Bonds-epidemie wet (Bundesseuchengesetz)
BUrlG	Bondsvakantie wet (Bundesurlaubsgesetz)
BZRG	Bondsverwijsindex wet (Bundeszentralregistergesetz)
DrittelbG	Aansprakelijkheid tegenover derde wet (Drittelbeteiligungsgesetz)
DV	Uitvoering beschikking (Durchführungsverordnung)

EBRG	Wet over de voorziening Europese ondernemingsraden (Gesetz über die Einrichtung Europäischer Betriebsräte)
EFZG	Loon doorbetaling wet (Entgeltfortzahlungsgesetz)
EStG	Inkomstenbelasting wet (Einkommensteuergesetz)
GBR	Algehele ondernemingsraad (Gesamtbetriebsrat)
GenDG	Gendiagnostiek wet (Gendiagnostikgesetz)
GG	Grondwet (Grundgesetz)
GmbH	Besloten vennootschap (Gesellschaft mit beschränkter Haftung)
GVG	Gerechtsconstitutie wet (Gerichtsverfassungsgesetz)
HAG	Thuiswerk wet (Heimarbeitsgesetz)
HGB	Handelswetboek (Handelsgesetzbuch)
JArbSchG	Jeugdarbeidbescherming wet (Jugendarbeitsschutzgesetz)
KBR	Concern ondernemingsraad (Konzernbetriebsrat)
KG	Commanditaire vennootschap (Kommanditgesellschaft)
KSchG	Ontslagbescherming wet (Kündigungsschutzgesetz)
LadSchlG	Winkelsluiting wet (Ladenschlussgesetz)
LAG	Individuele deelstaten arbeidsgerecht (Landesarbeitsgericht)
MitbestG	Meebestemming wet (Mitbestimmungsgesetz)
MitbestErgG	Meebestemming supplementen wet (Mitbestimmungsergänzungsgesetz)
MontanMitbestG	Montan meebestemming wet (Montanmitbestimmungsgesetz)
MontanMitbestErgG	Montan meebestemming supplementen wet (Montanmitbestimmungsergänzungsgesetz)
MuSchG	Moederzorg wet (Mutterschutzgesetz)
MuSchV	Moederzorg verordening (Mutterschutzverordnung)
NachwG	Bewijswet (Nachweisgesetz)
OHG	Vennootschap onder firma (Offene Handelsgesellschaft)
PflegeZG	Verzorgingstijd wet (Pflegezeitgesetz)
RVO	Rijksverzekering bestel (Reichsversicherungsordnung)
SchwarbG	Wet ter bestrijding van zwart werken (Gesetz zur Bekämpfung der Schwarzarbeit)
SGB III	Sociaal wetboek III (arbeidsbevordering) (Sozialgesetzbuch III (Arbeitsförderung)
SGB VII	Sociaal wetboek VII (wettelijke ongevallen verzekering) (Sozialgesetzbuch VII (Gesetzliche Unfallversicherung)
SGB IX	Sociaal wetboek IX (rehabilitatie deelname gehandicapte mensen) (Sozialgesetzbuch IX (Rehabilitation und Teilhabe behinderter Menschen)

SprAuG	Spreker commissie wet (Sprecherausschussgesetz)
TVG	Collectieve arbeidsovereenkomsten wet CAO (Tarifvertragsgesetz)
TzBfG	Wet arbeidsovereenkomsten voor bepaalde tijd (Teilzeit- und Befristungsgesetz)
UmwG	Omzetting wet (Umwandlungsgesetz)
VermBG	Bezitsvorming wet (Vermögensbildungsgesetz)
WO	Verkiezingsordening (Wahlordnung)
ZPO	Civiele proces ordening (Zivilprozessordnung)

1 Indeling van het Arbeidsrecht

De arbeidsrechtnormen kunnen gedeeltelijk het privérecht (Arbeidscontract recht), gedeeltelijk het publiekrecht (arbeidsbescherming, arbeidsadministratie, procesrecht) toegewezen worden. Daar naast is er het collectieve arbeidsrecht (bedrijfsgrondwet- en tariefrecht), welke een derde, eigen categorie van het arbeidsrecht tussen privaat en publiekelijk recht toe te voegen is.

Het arbeidsrecht kan in drie hoofdonderdelen onderverdeeld worden:

Individueel arbeidsrecht	Collectief Arbeidsrecht	Arbeidsbeschermingrecht
Regelt de rechtsverhouding tussen de individuele werknemer en werkgever	Regelt de verhoudingen van de in arbeidsrecht relevante groepen met elkaar. “Stelregel van het sociale zelfbestuur	Regelt de bescherming en de gezondheid van de werknemer en geeft minimaal voorwaarden voor.

Het individuele arbeidsrecht omvat dat onderdeel, dat de relaties tussen de specifieke werkgever en werknemer en de werknemer als partner van individuele verdragsovereenkomsten regelt.

Het collectieve arbeidsrecht omvat dat gedeelte van het arbeidsrecht, dat de verhoudingen tussen de vakbonden en de werkgever organisaties als ook tussen ondernemingsraad/woordvoerdercomité en werkgever regelt. Bovendien behoord tot het collectief arbeidsrecht het mee bestemmen op bedrijfsniveau en het collectieve arbeidsovereenkomstenrecht.

Het arbeidsbescherming onderscheidt zich tussen de sociale en de technische arbeidsbescherming en bevat voorschriften ter beschutting van de werknemers. Regelingen van de sociale arbeidsbescherming vindt men o.a. in de jeugdarbeidsbescherming- en de moederschapzorg wet.

Naast de hier voor genoemde gebieden, die het arbeidsrecht regelt, zijn aanvullend noch het arbeidsbestuur recht en de arbeid gerechtbaarheid te noemen.

2 Rechtsbronnen

De rechtsbronnen van het arbeidsrecht zijn veelvoudig. Het is in een tal van niet overzichtelijke wettelijke regelingen versnipperd en werd tot nu toe niet zoals het burgerlijke recht of het strafrecht door grote standaard wetboeken geregeld (geen codificatie van het arbeidswetboek).

Grondwet

De catalogus van de grondrechten bevat voorschriften, die voor het arbeidsleven van belang zijn:

Art. 1, 2 GG	**Waardigheid van de mens, vrije ontplooiing van de persoonlijkheid**
Art. 3 GG	**Gelijke rechten van man en vrouw**
Art. 8 GG	**Vrijheid van vereniging en vergadering**
Art. 9 GG	**Coalitievrijheid**
Art. 11 GG	**Vrijzinnigheid**
Art. 12 GG	**Vrije beroepskeuze**

Bovendien bevatten Art. 20 I, Art. 28 I GG de verzorgingsstaat beschikkingen, en de grondwet strekt de federale wetgeving uit op het arbeidsrecht (Art. 74 Ziff. 12 GG).

Wetten

Bij de veelvoudige wetten is te onderscheiden, of het zich om normen van noodzakelijk recht of om zulke handelt, die dispositief zijn. Naast de federale wetten zijn er wetten van de individuele deelstaten, die het arbeidsrecht betreffen (bv. scholing vakantie wetten, feestdagen regeling). Als arbeidswettelijke bron zijn in de eerste plaats rechts verordeningen op te noemen (bv. bedrijfszekerheids verordeningen).

Rechtspraak

Ondanks dit veeltal van wettelijke regelingen zijn grote bereiken van het arbeidsrecht, b.v. aansprakelijkheid van de werknemers en het arbeid strijdrecht, wettelijk helemaal niet geregeld. Hier krijgt de rechtspraak een bijzondere betekenis.

Collectieve overeenkomsten

Naast wetten en rechtsverordeningen zijn voor het arbeidsrecht collectieve verdragen van belang. Uitvloeiselen van het collectieve arbeidsrecht zijn die van de sociale partners afgesloten tariefcontracten, die als autonome rechtsnormen kunnen worden overeengekomen. Op het bedrijf vlak gelden bedrijf overeenkomsten als collectief arbeidsrecht, dat tussen werkgever en ondernemingsraad (woordvoerder comité) in schriftelijke overeenkomst afgesloten wordt (§ 77 BetrVG, § 28 SprAuG).

Bedrijf oefening

Een verdere rechtsbron is de bedrijf oefening, die vaak ook als gewoonterecht beschouwd word. Ze baseert op een voortgezet gelijkmatig gedrag van de werkgevers, dat ook voor de toekomst evenredige eisen beredeneerd. Deze stelregel is van de rechtspraak bv. in verband met de kerstgratificatie, dat 3 jaar lang zonder voorbehoud van een werkgever verleend word, erkend worden.

Individuele arbeidscontracten

Zo ver de wet of een collectieve regeling er niet tegen staan, blijft de rechtsbron van het individuele arbeidscontract een individuele afspraak tussen werkgever en werknemer.

Europees recht

Een bijzondere betekenis komt het Europese recht toe. Zo kunnen normen van EG verdragen onmiddellijke werking in individuele arbeidsverhoudingen ontwikkelen. Dit geldt in het bijzonder voor Art. 39 ff. (vrijzinnigheid) en Art. 141 (loongelijkheid van mannen en vrouwen) EG-van het verdrag.

De wetten van de EG (= verordeningen en richtlijnen) evenals de rechtspraak van het Europese gerechtshof (EuGH) hebben directe invloed op het Duitse arbeidsrecht en zijn van betere kwaliteit als het nationale recht. Verordeningen hebben een directe en dwingende werking en behoeven geen omzetting in het nationale recht. Richtlijnen zijn geen primair recht, maar ze zijn ten opzichte van hun doelstellingen verbindend en verplichten de nationale staten het om te zetten.

Bij de rechtspraak van de EuGH levert het alleen een bindende werking voor de partijen op, of het verwijzende gerechtshof in ieder concreet afzonderlijk geval. Maar in feite oriënteren zich de onder gestelde rechtbanken aan de rechtspraak van de EuGH.

Het Europese recht gaat principieel voor het nationale recht.

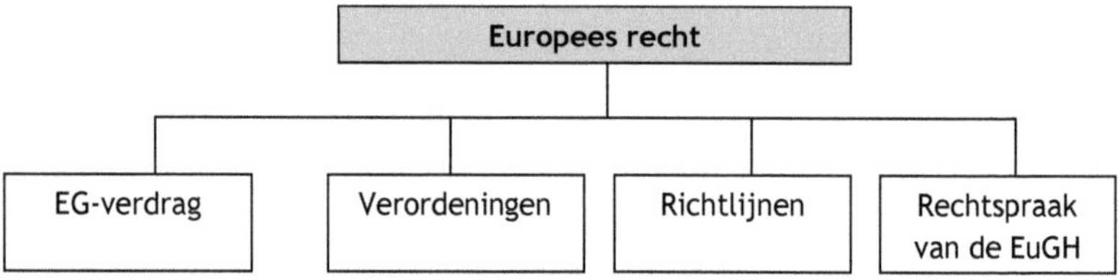

Rangopbouw van het arbeidsrecht

De individuele rechtsbronnen hebben onder elkaar niet de zelfde rang, maar de betere geniet de voorkeur of de meer speciale rechtsbron gaat voor de algemene.

Het voorheen genoemde rangprincipe leidt dan tot ondeskundige resultaten, wanneer de regeling van lagere rang voor de werknemer beter is, als de ranghogere.

Voorbeeld Het minimum aan vakantie volgens de wet is 24 werkdagen; volgens tarief zijn er echter 30 werkdagen overeengekomen.

Hier geldt het zogenaamde »gunstgheidsprincipe«, d.w.z. de daar op volgende voorschrift is dan van toepassing, als ze voordeliger voor de werknemer is. Het mag zich hierbij niet om dwingende wetten handelen, die geen uitzondering toelaten. Een geïsoleerde beschouwingswijze (»rozijnentheorie«) en het toepassen van telkens de gunstigste regeling van een geheel regelingscomplex is niet toegestaan.

Voorbeeld:
De werknemer kan niet de langere vakantietijd uit de collectieve arbeidsovereenkomst met het enkel contractueel toegezegd hogere vakantiegeld combineren.

Treden op de gelijke ranghoogte mededingingen op, als bijvoorbeeld twee wettelijke regelingen bestaan, geldt het specialiteit- of volgorde principe, waarnaar de meer speciale regeling de meer algemene voor gaat.

Voorbeeld:
Arbeidstijdregeling volgens de arbeidstijd- en het jeugdarbeid beschermingswet.

Rangopbouw en rangorde

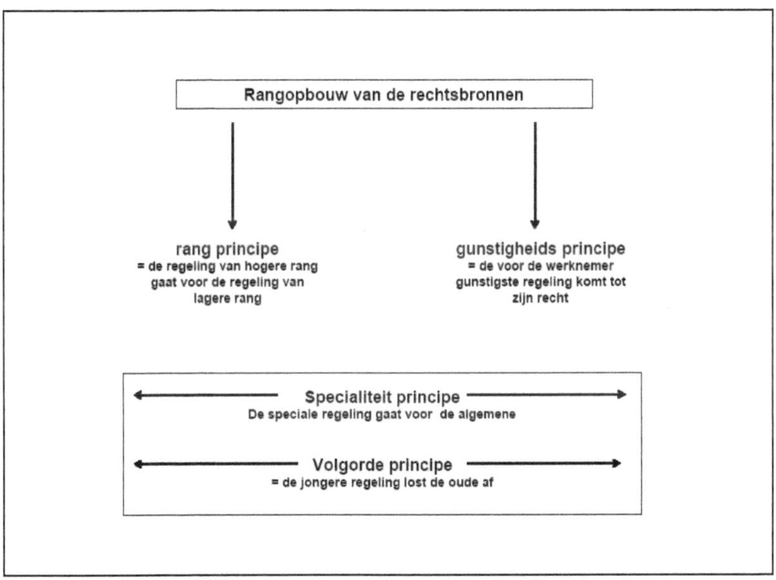

3 Partijen van het arbeidscontract

De partijen van het individuele arbeidscontract zijn de werkgever en de werknemer. Deze verdragsverhouding is in BGB (§§ 611 ff. BGB) geregeld. De bestemmingen over het dienstcontract zijn op alle arbeidsverhoudingen van toepassing, zover niet door bijzondere wetten, speciale verordeningen voorrang hebben. Het handelt zich hier om de dienst bevoegde en dienstverplichte partijen.

3.1 Werkgever

Werkgever is een ieder (=natuurlijke of juridische persoon), die minstens een werknemer werk geeft. Hij is schuldeiser met aanspraak op arbeidsprestatie, en schuldenaar van het arbeidsalaris. Een als werkgever soortgelijke positie hebben de bestuursleden van een AG of bedrijfsleiders van een BV (GmbH), omdat ze soortgelijke functies uitoefenen.

3.2 Bedrijf - onderneming

Het bedrijf is de organisatorische eenheid, binnen wie een werkgever alleen of gezamenlijk met zijn werknemers met gebruik van technischer en andere middelen arbeidtechnische doeleinden voortgezet vervolgd. Het bedrijf is daarna de productie eenheid, op die zich de arbeidswettelijke regelingen beroepen. Onder een bedrijfsonderdeel zijn afgrensbare onzelfstandige delen van een bedrijf te verstaan.

Daar in tegen is de onderneming een organisatie eenheid ter deelname aan het economische leven, die de bedrijven toegewezen zijn. In tegenstelling tot de onderneming kenmerkt het bedrijf niet hoofdzakelijk het economische doeleinde, maar het arbeidstechnische verband in het kader van een (ruimtelijk afhankelijke) bedrijfsorganisatie.

Een ondernemen kan meerdere bedrijven hebben; omgekeerd kunnen ook meerdere ondernemingen een bedrijf vormen. Worden meerdere ondernemingen samengevat, dan handelt het zich om een concern.

3.3 Werknemer

Het beslissende criterium voor het aanwezig zijn van de werknemer eigenschap, is die door instructies bepaalde werkzaamheid, waartoe de werknemer privaatrechtelijk verplicht is. Bij twijfelgevallen is het belangrijk, of de werknemer met betrekking tot de werktijd, de indeling en uitvoering van het opgedragen werk, de gecontroleerde instructies van de werkgever ondersteld is.

Voorbeeld:
De provisie vertegenwoordiger in Handelsrecht is in de indeling van zijn tijd vrij en niet gebonden (een ambacht zelfstandig uitoefenende persoon), dus geen werknemer, in tegenstelling tot een personeel vertegenwoordiger (§ 84 HGB).

Kaderleden zijn werknemers, wier werkzaamheid gedeeltelijk of geheel de werkgever functie overweegt. Daar uit kan zich een belangencontrast tot de anderen vormen, waaruit bijzonderheden in de werkstatus kunnen ontstaan. Voor een classificatie van de individuele werknemer is niet de benaming (ook niet in het arbeidscontract) maatgevend, maar de daadwerkelijke verhoudingen van het afzonderlijke geval. .

Met betrekking op de arbeidsverhouding bestaan voor kaderleden volgende bijzonderheden:

- uw arbeidsrelatie kan makkelijker ontbonden worden (§ 14 KSchG);
- de interessen van de werkgevers hebt u in hogere mate waar te nemen en te representeren;
- een bovenmodale prestatie wordt in de regel verondersteld, zo dat een gescheiden vergoeding van overuren niet gebruikelijk is;
- u kunt onder bepaalde voorwaarden een eigen belangenorganisatie (sprekercommissie) kiezen (§ 1 SprAuG);
- u wordt volgens de mede inspraakwet 1976 met een eigen representant in de toezichtsraad vertegenwoordigd (§ 15 II MitbestG);
- u wordt niet van de ondernemingsraad vertegenwoordigd (§ 5 III BetrVG);
- u mag alleen voor de werkgever zijde als eren ambtelijke rechter actief worden (§ 22 II ArbGG);
- u bent niet onderhevig aan de verordeningen van de werk stijd wet (§ 18 I ArbZG).

3.4 Werknemer overeenkomstige personen

Als werknemer overeenstemmend worden die personen omschreven, die weliswaar niet persoonlijk, maar economisch van de ander afhankelijk zijn (bv. thuiswerknemer). Deze groep personen wordt in verschillende opzichten gelijk gesteld. Niet alle arbeidswettelijke beschermingsvoorschriften zijn hier echter van toepassing, maar alleen die, die het bescherming bereik uitdrukkelijk op werknemer overeenkomstige personen uitstrekken (vgl. § 2 BUrlG; § 12a TVG; § 5 I ArbGG; § 7 I Nr. 3 PflegZG).

3.5 Vrije medewerkers

Vrije medewerkers zijn op grond van een dienstcontract (§ 611 BGB) zonder persoonlijke afhankelijkheid werkzaam. Op deze vrije medewerkerverhouding is het arbeidsrecht niet van toepassing. De dienstgerechtigden treft niet de verplichtingen, die anders de werkgever treffen. De dienstverplichtende kan zich niet op de bescherming beroepen, die de werknemer toestaat.

In hoever een dienstverplichtende vrije medewerker is, hangt niet van de overeenkomst af. Vrije medewerker is principieel alleen die, die het ondernemersrisico voor de economische toepasbaarheid van de eigen prestatie draagt en –op zijn minst voor die reden- de macht beschikking over de eigen arbeidskracht behoudt. De vrije medewerker moet in de vormgeving van het werk, en qua plaats en tijd voor het leveren van prestaties, onafhankelijk zijn voor de orders van zijn verdragspartner.

4 Het arbeidscontract

Het dienstcontract (§§ 611 ff. BGB) is een privaatrechtelijke, schuldrechtelijke en op onderlinge prestatie uitwisseling, gericht contract. Hij verplicht de ene partij tot werkprestatie, en de andere partij de toegestane overeengekomen vergoeding. Het arbeidscontract is een ondersoort van het dienstcontract. In tegendeel tot de andere schuldverdragen(bv. huur, koop, werkcontract) put hij zich niet uit, in het uitwisselen van kapitaal uitkering, maar fundeert op een personenrechtelijke gemeenschapsverhouding. Deze is gekenmerkt door een meerzijdige loyaliteit plicht (van werkgever zijde »zorgplicht« genoemd).

4.1 Arbeidscontract en arbeidsverhouding

Arbeidscontract en arbeidsverhouding onderscheiden zich daardoor, dat het arbeidscontract de eenmalige motiveringsdaad representeert, door welke zich de werknemer tot werkprestatie in dienst van de werkgever verplicht. De arbeidsverhouding daar in tegen is, de tussen de verdragspartijen bestaande rechtsverhouding, d.w.z. het zich in staat van woord bevindende arbeidscontract.

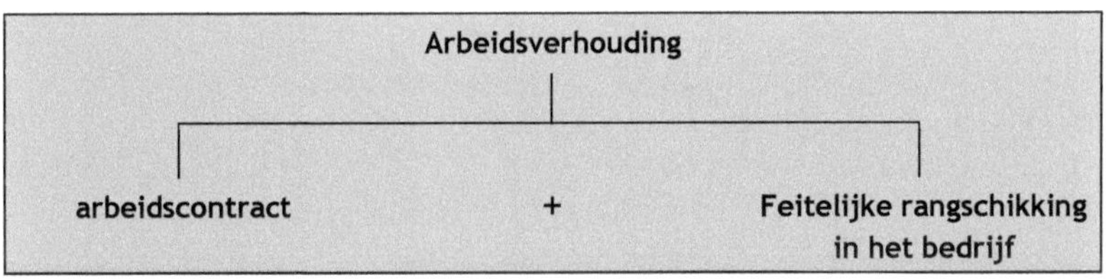

De arbeidsverhouding is een personenrechtelijke en gemeenschap gefundeerde band tussen werkgever en werknemer, in die de werknemer tot medewerker binnen de voorhanden zijnde ordening van het bedrijf wordt (=integratietheorie).

4.2 Motivatie van het arbeidscontract

Voor het afsluiten van een arbeidscontract zijn talrijke arbeidsrechtelijke bijzonderheden in acht te nemen.

4.2.1 Het ontstaan van een contract

De agentuur voor arbeid is een belangrijke aanspreekpartner voor de arbeidsbemiddeling. Daarnaast kunnen ook private arbeidbemiddelaars zowel voor werknemer als ook voor werkgever met het bemiddelen van werk belast worden.

Vaak wordt met personeeladvertenties naar de juiste werknemer voor het bedrijf gezocht. Zulke binnen het bedrijf en/of openlijk uitgeschreven personeeladvertenties moeten zich geslachtsneutraal aan mannen en vrouwen richten. Ook de verwijzing op de etnische aanverwantheid, het geloof of wereldaanschouwing, de leeftijd en de seksuele oriëntering is in de uitschrijving principieel ontoelaatbaar. De uitschrijving moet met betrekking tot deze persoonlijke kenmerken, niet discriminerend geformuleerd zijn.

Is de uitgeschreven arbeidsplaats ook voor het bezetten met zwaar gehandicapte mensen geschikt, dan moet men de agentuur voor arbeid hierover informeren (§ 81 I SGB IX).

Bovendien moet de werkgever de sollicitatie documenten zorgvuldig bewaren en, als er geen arbeidscontract afgesloten wordt, deze terug geven (§ 985 BGB) en een eventuele vragenlijst vernietigen (§ 1004 BGB). Ten aanzien van de verworven informaties treft hem een zwijgplicht.

In het kader van het sollicitatiegesprek kan de werkgever de sollicitant ook vragen stellen, o.a.:

- Naar beroepsmatige bekwaamheden en vakmanschap;
- Naar de beroepsloopbaan;
- Naar de cijfers in de getuignissen;
- Naar de gezondheidstoestand, zover er een legitiem interesse bestaat;
- Naar een actuele loon- of salaris beslaglegging;
- Naar voorheen begane straffen, zover het voor de toekomstige functie van belang is;
- Naar een bestaand concurrentie verbot;
- Naar een zware handicap.

Ontoelaatbaar zijn principieel vragen

- Naar een echtverbintenis in afzienbare tijd;
- Naar een vakbond, partij, of geloof aanverwantheid;
- Naar de vermogens verhoudingen;
- Naar een zwangerschap.

Aanstelling diagnosen en psychologische tests mogen alleen in de wettelijk voorgeschreven gevallen (bv. § 32 JArbSchG) of met de uitdrukkelijke toestemming van de sollicitant doorgevoerd worden.

In geen geval mag de werkgever noch vooraf of daarna naar toelichting van werkgelegenheid verhoudingen, het voornemen van genetisch onderzoeken, of analysen verlangen noch die uitslagen van bereids voorgenomen onderzoeken opvragen of gebruiken (§ 23 GenDG). Ook mag de werkgever geen valse verwachtingen wekken, die de sollicitant er toe verlijdt zijn vorige baan op te zeggen.

Daar boven uit kan iedere afzonderlijke partij verplicht zijn, essentiele omstandigheden te openbaren.

Voorbeeld:
Bijzondere beperkingen wegens de gezondheid; dreigend faillissement

4.2.2 Sluiting van een contract

Het arbeidscontract komt zoals ieder ander schuldrechtelijk verdrag krachtens § 145 ff. BGB door vordering en aanneming tot stand. Het sluiten van een contract zet dus overeenstemmende, toereikend bepaalde wilsverklaringen vooruit, waarbij onder wilsverklaringen het gehele rechtszakelijke gedrag van een partij te verstaan is, mocht het zich in woord of schrift of andere (concludente) handelswijze samenstellen. Het is niet noodzakelijk, dat door de overeenstemmende wilsverklaringen van beide partijen alle rechtsgevolgen afsluitend geregeld worden. Dan juist bij een arbeidscontract kunnen aanvullende collectieve overeenkomsten inwerken en de rechtsverhouding vorm geven. Ontbreekt er een schikking over essentiele verdragsbestanddelen en laat zich het ontbrekende ook niet uit de omstandigheden opmaken, dan is er geen verdrag tot stand gekomen.

4.2.3 Verdragsvrijheid

Het afsluiten van een arbeidscontract is met beperkingen onderhevig aan de regels van de verdragsvrijheid, welke de individuele verschijningsvormen zich als afsluiting-, invulling-, vorm- en opheffingsvrijheid daar stellen (§ 105 GewO).

De afsluitingsvrijheid permitteert de betrokkenen de vrije beslissing, of ze een arbeidscontract met elkaar aan willen gaan (Art. 12 GG). De partnerkeus vrijheid zegt als deelaspect van de afsluitingsvrijheid, dat men zich zijn verdragspartner vrij uitzoeken kan. De invulling- of inhoudsvrijheid geeft de partijen de mogelijkheid, de inhoud van het arbeidscontract binnen de wettelijke grenzen te regelen. Hij mag echter niet tegen de goede zeden verstoten, niet woekerachtig zijn, niet de voorschriften van de ongevallenpreventie, des JArbSchG enz. overtreden (bv. §§ 134, 138, 242, 618 BGB).

De vormvrijheid betekent, dat een arbeidscontract zowel mondeling als schriftelijk afgesproken kan worden. In afzonderlijke gevallen kan echter een collectieve arbeidsovereenkomst de schriftvorm voorschrijven. Een uitzondering van de grondregel van vormvrijheid bestaat volgens § 74 HGB voor de concurrentie clausule, door welke zich de werknemer tot competitieverbod voor de tijd na verdragseinde verplicht en die schriftelijk overeengekomen moet zijn. Ook termijn afspraken moeten schriftelijk worden aangedaan (§ 14 IV TzBfG).

De opheffingsvrijheid betekent, dat men afgesloten verdragen weer verbreken kan.

Wordt er geen schriftelijk arbeidscontract gesloten, is de werkgever verplicht, de werknemer binnen de vier weken van het afgesproken begin van de arbeidsverhouding, een protocol over de wezenlijke arbeidscontract voorwaarden te overhandigen (§ 2 NachwG).

Een verandering van de wezenlijke verdragsovereenkomsten is de werknemer uiterlijk een maand na de wijziging schriftelijk mee te delen (§ 3 NachwG).

Het NachwG geldt voor alle werknemers, het zei dan, dat u alleen als tijdelijke hulpkracht voor hoogstens een maand aangenomen wordt. Voor uitzendkrachten en leerlingen gelden afzonderlijke bewijsregelingen (§ 11 AÜG, § 4 BBiG).

Uitzonderingen ten opzichte van de afsluitings vrijheid bestaan in volgende gevallen:

Zwaar gehandicapte: De werkgever is bij meer als 20 arbeidsplaatsen verplicht, minstens 5% van deze arbeidsplaatsen met zwaar gehandicapte te bezetten (§ 71 I SGB IX). Voor iedere niet bezette plaats moet de werkgever een compensatieheffing betalen (§ 77 SGB IX). Die discriminatie van zwaar gehandicapte mensen regelt § 81 SGB IX.

De gelijke behandeling: De werkgever mag principieel de aanstelling niet uit redenen van het ras of etnische herkomst, het geslacht, de religie of wereldbeschouwing, een handicap, de leeftijd of de sexuele identiteit afwijzen. Een uitzondering hier voor bestaat in die gevallen, in die bepaalde merkmalen, voorwaarden voor die werkzaamheid zijn.

EU-Leden: De onderdanen van de EU-staten mogen bij de toelichting van arbeidsverhoudingen tegenover Duitse arbeidnemers niet benadeeld worden (Art. 39 EG-verdrag).

Publieke sector: Naar de GG heeft iedere Duitser naar zijn geschiktheid en bekwaamheid en vakmanschap gelijke toegang tot ieder openlijk ambt. Afgezien van een paar uitzonderingen geldt dit ook voor leden van de EU-staten.

Afsluitings verboden: Personen met zware, of relevante voorwaardelijke straffen, is het verboden, bepaalde werknemers werk te geven, op te leiden of toezicht op te houden (§ 25 JArbSchG; § 28 ff. BBiG).

4.2.4 Inhoud van de arbeidsverhouding

De vormgevingsvrijheid geeft de partijen de mogelijkheid, de inhoud van het arbeidscontract binnen de wettelijke grenzen (incl. Collectieve arbeidsovereenkomsten en bedrijfsovereenkomsten) vrij te regelen. Een inhoudscontrole van, door werkgevers opgestelde verdragsvoorwaarden, vind alleen onder behartiging van de in het arbeidsrecht gegeven bijzonderheden plaats (§ 310 IV BGB).

4.2.5 Minimum arbeidsvoorwaarden

Minimum arbeidsvoorwaarden (onderste grens van de vergoeding en andere arbeidsvoorwaarden) kunnen door de bondsminister voor arbeid en sociale zaken op basis van de wet over minimum arbeidsvoorwaarden vastgezet worden, maar alleen, als vakbonden en werkgever organisaties voor de bedrijfstak niet bestaan of maar weinig personen georganiseerd zijn, een regeling door algemeen verbindende collectieve overeenkomsten niet mogelijk, of de vaststelling, ter bevrediging van sociale en economische behoeftes van de werknemer, nodig verschijnt.

Tot nu toe zijn minimum arbeidsvoorwaarden nog niet afgekondigd. De wet over minimum arbeidsvoorwaarden zal nu gemoderniseerd worden.

4.3 Plichten van de werknemers

Zoals bij ieder ander verdrag staan zich in de arbeidsverhouding rechte en plichten tegenover, die in afhankelijkheid tot elkaar staan:

Plichten in de arbeidsverhouding	
werknemer	**werkgever**
Arbeidsprestatie	Uitbetalingsplicht
	Werkgelegenheidsplicht
Loyaliteitsplichten	Hulpverleningsplichten

4.3.1 Arbeidsprestatie

Naar § 613 BGB heeft de tot dienstprestatie verplichtte, de diensten bij twijfel persoonlijk te verrichten. Een vervanging, zoals ze bij bijna alle andere verdragen toegestaan wordt, scheidt uit. De arbeidsprestaties van de werknemers staan de werkgever persoonlijk toe, hij mag ze principieel niet aan een andere werkgever overdragen(§ 613 BGB).

De inhoud van de dienstplicht(werkplicht) richt zich op de dwingende wettelijke voorschriften, De normen van de desbetreffende bedrijfsvoorwaarden, de afspraken van de partijen en eventueel de bedrijfsoefening. Daardoor wordt de aard, omvang en plaats van de werkprestatie, die de inhoud van de dienstplicht uitmaken, nader omlijnd. Aard en omvang resulteren zich meestal uit de benaming, onder die de werknemer aangenomen wordt. Daarnaast is uit de gemeenschappelijke opvatting te ontnemen, wat van de werknemer verlangd kan worden. Zijn nadere afspraken niet gemaakt, dan ondergaan de werkplichten gem. § 106 GewO hun reïficatie door het directierecht van de werkgevers. Deze omvat het recht, de werkplicht door eenzijdige instructies verder te ontwikkelen.

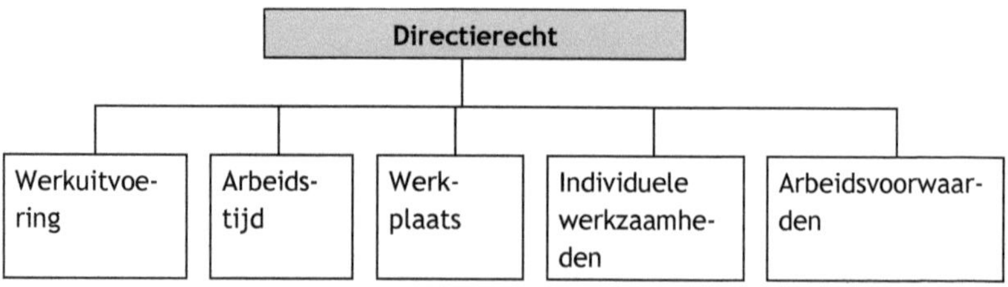

Hierbij is op het goeddunken (§ 315 BGB) van de werkgevers in te stellen, d.w.z. dat de uitoefening onder afweging van de interesses van de werknemers aan de ene kant en de bedrijfsinteresses aan de andere kant optreden moet.

Als de arbeidsprestatie alleen heel algemeen omschreven is (bv. Bureauhulpkracht of Hulparbeider), moet de werknemer iedere arbeid overnemen, die met de verdragsafsluiting te verwachten is. Hoe nauwkeuriger de werkzaamheid in het arbeidscontract afgesproken is, des te begrensder is het instructierecht van de werkgevers, de specifieke werkzaamheden te bestemmen. De toewijzing van lager betaald werk is principieel ontoelaatbaar, het zij dan, het arbeidscontract bepaalt deze mogelijkheid.

4.3.2 Arbeidstijd

De arbeidstijd ontstaat rechtstreeks uit de collectieve arbeidsovereenkomst, het arbeidscontract en de wettelijke beschermingsvoorschriften

(ArbZG, JArbSchG, MuSchG). De arbeidstijdbescherming is vooral in de arbeidstijdwet geregeld. Het bevat de publieke-regelgevingvoorschriften over de dagelijkse maximale arbeidstijd (§ 3 ArbZG), over pauzen en werk vrije tijden na het beëindigen van het dagelijkse werk (§§ 4, 5 ArbZG) en over Son- en feestdagen en feestdag rust (§ 9 ArbZG). Daarnaast zijn de JArbSchG en de MuSchG in acht te nemen. De regeling van de vraag, hoe lang en aan hoe veel dagen in de week de individuele werknemer te werken heeft, blijft daar in tegen binnen de wettelijke hoogst grenzen van de collectieve arbeidsovereenkomsten, de bedrijfsovereenkomsten en het arbeidscontract voorbehouden.

Naar § 18 ArbZG geldt de arbeidstijdwet voor werknemer boven de 18 jaar met uitzondering van de leidende medewerkers volgens § 5 III BetrVG.

De arbeidstijdwet gaat uit van het principe van de 8-uren-dagen. De dagelijkse arbeidstijd kan tot aan 10 uren verlengd worden, als binnen een compensatieperiode van 6 maanden resp. 24 weken de arbeidstijd aan een andere werkdag overeenstemmend verkort wordt, zodat de werkdagelijkse arbeidstijd de doorsnee van 8 uren niet groter wordt. Als compensatie komen ook arbeidsvrije werkdagen in aanmerking, bv. bij een 5-dagenweek de regelmatig vrije zaterdag (§ 3 ArbZG).

Bij een arbeidstijd van 6 uren is een pauzetijd van minstens 30 minuten en bij meer als 9 uren van minstens 45 minuten te voorzien (§ 4 ArbZG). De minimum pauzetijd kan in meerdere pauzen verdeeld worden. Daarbij moet iedere pauze minstens 15 minuten zijn. Geen werknemer mag langer als 6 uren zonder rustpauze werkzaam zijn. Na het beëindigen van de arbeidstijd is de werknemer een ononderbroken rusttijd van 11 uren te verlenen. Voor werknemers, die in aanzienlijke omvang in de nacht tussen 23 en 6 uur werken, zijn er speciale beschermvoorschriften gepland. (§ 6 ArbZG).

Het te werkstellen van werknemers aan Son- en feestdagen is – Van de wettelijk vastgestelde vrijstellingsbestanden afgezien – principieel ontoelaatbaar (§ 9 ArbZG). In een collectieve overeenkomst of in een bedrijfsovereenkomst op grond van een collectieve overeenkomst kunnen afwijkingen hiervan overeengekomen worden (§ 12 ArbZG).

4.3.3 Overuren

Overuren zijn een arbeidsprestatie van de werknemer, die deze over het individuele contract, collectieve arbeidsovereenkomst of in een bedrijfsovereenkomst geregelde, boven de regelmatig verdeelde werktijd brengt.

Bestaat er geen uitdrukkelijke overeenkomst, is de werknemer alleen in uitzonderlijke gevallen tot prestatie van overuren verplicht. Van belang is dit bijzonders in bedrijven, die niet aan een tariefbinding onderlegen zijn en die geen ondernemingsraad hebben. Hier moet de verplichting tot arbeidsprestatie van overuren uitdrukkelijk in het arbeidscontract geregeld zijn. Anders is de werkgever niet bevoegd, overuren te verordenen. Daar bovenuit gelden volgende beperkingen:

- De overuren mogen niet regelmatig en in aanzienlijke omvang boven de overeengekomen arbeidstijd uit toegewezen worden;
- De arbeidstijd beperkingen voor bijzondere personen groepen zijn in acht te nemen, ook voor jongeren, zwangere vrouwen en moeders;
- Iedere verordening van overuren is onderhevig aan de meebestemming van de ondernemingsraad (§ 87 I Nr. 2 BetrVG). Deze geldt ook in spoedgevallen of als de werknemer in de overuren toestemt.

Overuren zijn te vergoeden of door vrije tijd te compenseren. Het ArbZG beperkt zich op tariefopenlijke tijd vereffeningregelingen. Fundamenteel is voor meerarbeid en overuren minstens het gebruikelijke salaris te betalen; Toeslagen kunnen arbeidscontractueel of als collectieve arbeidsovereenkomst overeengekomen zijn; een aanspraak daar op kan zich daar uit resulteren, dat zulke toeslagen in bedrijven en branches gebruikelijk zijn (normaalgesproken). In noodgevallen en uitzonderlijke gevallen moeten overuren verricht worden, als er geen prioritaire interesses van de werknemers (bv. behouden van zijn gezondheid, dringende familiaire redenen) tegenover staan. Fundamenteel zijn overuren alleen in het kader van de werkwet toelaatbaar. Daarbovenuit kunnen overuren geweigerd worden.

4.3.4 Arbeidsoord

Betreffend de plaats van de dienstverrichting geldt het zelfde, als over de aard en omvang van de diensten. Een bijzonder probleem kan in samenhang met de verzetting ontstaan. Fundamenteel is de toewijzing van een andere arbeidsplaats met dezelfde werkzaamheid kenmerken toelaatbaar, als ze in interesse van het bedrijf noodzakelijk is, geen mindering van het loon daarmee verbonden is, en geen onbillijke maatregel weergeeft, dh. niet onzakelijk of willekeurig gebeurd. Verzettingen in een ander bedrijf zijn niet onbeperkt geoorloofd. Hier moet de wisseling draaglijk zijn (bv. de zelfde woonplaats).

4.3.5 Loyaliteitsplicht

Zoals iedere rechtsverhouding wordt de arbeidsverhouding van de stelregel van »Trouw en geloof« beheerst(§ 242 BGB). Daarbovenuit woont de arbeidsverhouding als een personenrechtelijke gemeenschapsverhouding de plicht van de werknemers bij, naast de eigenlijke arbeidsprestatie de bedrijfsinteresse te bewaren, dh. alles te laten, wat deze interessen van zijn of van derde benadeeld, en als nodig dit gevaar tegen te gaan. De loyaliteitsplicht staat boven het kader van de werkplicht en stelt zo te zeggen het ideale deel van de arbeidsverhouding voor.

Omvang en inhoud van de loyaliteitsplicht richten zich naar de desbetreffende omstandigheden van de arbeidsverhouding en de verkeerszeden. Er geldt de stelregel, dat ze om zo sterker is, en de schending daarom des te zwaarder weegt, hoe hechter de bestaande persoonlijke binding is.

Voorbeeld voor de loyaliteitsplicht:

- Geen concurrentie
- Zuinig behandelen van de arbeidsapparatuur
- Geen aanname van smeergeld
- Geen storen van de bedrijfsvrede

4.3.6 Nevenbetrekking

Fundamenteel mag de werknemer meerdere werkverhoudingen aangaan of ernaast zelfstandig werken, zolang zich de werkzaamheden niet tijdgelijk overlappen.

Voorwaarde is, dat

- Hiermee de werkgever geen concurrentie gemaakt wordt;
- De arbeidsprestatie hier onder niet lijdt;
- Het wettelijk voorgeschreven maximum aan arbeidstijden, niet wordt overschreden.

4.3.7 Geheimhoudingsplicht

De geheimhoudingsplicht van de werknemers omvat

- Feiten, die in samenhang met de zakelijke werkingen in het bedrijf staan, en die alleen een kleine personen kring bekend en niet klaarblijkelijk zijn, en naar de wil van de werkgevers en in het kader van een gerecht economisch interesse geheim moet worden gehouden (bv. Balansen, Klanten- en prijslijsten, Kredietwaardigheid) en
- Persoonlijke omstandigheden of handelswijzen van de werkgevers, als deze door het bekendmaken gedupeerd wordt of in de publieke opinie slecht gemaakt wordt.

Bij een vergrijp tegen deze plichten is de werknemer verplicht de schade te vergoeden en kan eventueel ontslagen worden.

In de schending van de werkwettelijke geheimhoudingsplicht kan ook een schending van de strafrechtelijke geheimhoudingsplicht (§ 17 UWG) liggen. Deze kan met een vrijheidsstraf tot en met drie jaar of met een geld boete bestraft worden.

4.3.8 Concurrentieverbod

Tijdens de arbeidsverhouding heeft de werknemer het concurreren te laten. Een concurrentieverbod na het beëindigen van de arbeidsverhouding moet uitdrukkelijk overeengekomen zijn (§ 110 GewO) en kan zich hoogstens over 2 jaar strekken.

4.3.9 Arbeidsbeschermingplicht

Werknemers zijn verplicht, zich veiligheidsgerecht te verhouden en in het kader van hun mogelijkheden en de instructies van de werkgevers tot vordering van het algemene werkbeschermingsniveau bij te dragen.

4.4 Plichten van de werkgevers

4.4.1 Uitbetalingsplicht

De loonbetaling is de hoofdplicht van de werkgevers. Oord van naleving is de bedrijfsvestiging. Te betalen is het loon naar § 614 BGB aan het einde van de overeengekomen afrekeningperiode - bij maandelijkse vergoeding bv. de laatste dag van de maand – zover als er niets anders afgesproken is (Tarief- of individuele overeenkomst, bedrijfsovereenkomst).

De hoogte van het loon richt zich (Bij tariefgebondenheid of algemene gebondenheid van de collectieve arbeidsovereenkomst) naar de desbetreffende collectieve arbeidsovereenkomst, voor de rest naar de individuele contractuele overeenkomst. Mankeert het aan zo een collectief rechtelijk of individueel rechtelijke basis, dan is het vooroord gebruikelijke loon te betalen (§ 612 BGB).

De werkgever is verplicht, de werknemer een uitgesplitste finale afrekening te geven (§ 108 GewO).

4.4.2 Loonzekering

Tot de loonzekering behoren de beslagleggingbescherming en het overdrachtsverbod.

Als de werknemer financiële verplichtingen niet nakomt, kan de pandhouder onder bepaalde omstandigheden (executabel gerechtelijk vonnis, beslaglegging- en overmakingbesluit) op een deel van zijn loon beslag laten leggen. Bepaalde emolumenten zijn voor executie onvatbaar (bv. Gevaren-/vuiltoelage) of voorwaardelijk vatbaar (§ 850b ZPO).

Het niet voor executie vatbare deel van het loon, kan de werknemer niet aan een ander afstaan (§ 400 BGB), en hij kan dit ook niet met een tegenvordering verrekenen (§ 394 BGB).

4.4.3 Tewerkstellingsplicht

De werknemer is niet alleen verplicht te werken, hij heeft er ook recht op, bezig gehouden te worden. De werkgever kan hem principieel niet van de arbeid suspenderen, doordat hij hem geen werk meer toebedeeld. Een vrijstelling van het werk onder loondoorbetaling is zonder toestemming van de werknemers alleen tijdelijk en in uitzonderlijke gevallen toelaatbaar.

Voor zwaar gehandicapte is het uitdrukkelijk wettelijk voorgeschreven, ze zo te werk te stellen, dat ze hun bekwaamheden en talenten zomogelijk vol benutten en verder ontwikkelen kunnen (§ 81 IV SGB IX).

4.4.4 Gelijke behandeling

Naar Art. 3 II GG is een niet gelijke behandeling op grond van het geslacht, de afstamming, het ras, de taal, geboorteland en afkomst, het geloof, religieuze of politieke aanschouwingen evenals een handicap verboden. Dit verbod omvat directe en niet directe (verborgen) benadelingen, zover er niet expliciet verschillende regelingen noodzakelijk zijn (bv. bij moederschapzorg). Deze grondwetnorm werkt met voorrang als afweerrecht tegenover de staat, maar ontwikkeld ook over generaalclausules en andere te verklarende rechts begrippen een zogenaamde gedrieën werking voor het privérechtsverkeer.

Zo verbied het arbeidsrechtelijke gelijkbehandeling principe, afzonderlijke werknemers of groepen van werknemers van algemeen positieve regelingen uit te sluiten of slechter te stellen als andere werknemer in vergelijkbare positie. Het begunstigen van individuele werknemers is toelaatbaar.

Door de wet voor gelijke behandeling (AGG) is sinds 2006 voortaan extra special wettelijk geregeld, dat niemand uit redenen van het ras, van wegen de etnische oorsprong, het geslacht, de religie of wereldaanschouwing, een handicap, de leeftijd of de seksuele identiteit benadeelt, of lastig mag worden gevallen(§ 1 AGG). Hierbij omvat de wet zowel niet rauwelijkse als rauwelijkse benadelingen (§ 3 AGG). Het bevat ook benadelingen, die met de, door de wet beschermde criteria, in samenhang staan en door een ongewenste handelswijze beoogd of teweeggebracht wordt, welke de waarde van de betreffende persoon kwetst en een van intimidaties, vijandigheden, vernederingen, niet waardig behandeld en van beledigingen gekenmerkt milieu geschapen wordt. Een van de AGG verboden seksuele intimidatie bestaat in een ongewenste, uitgesproken seksuele houding, die een geslachtelijke betrekking op wijst (§ 3 AGG).

Het AGG omvat daarbij alle bereiken van het arbeidsrecht (op ontslagen na). Medewerkers hebben bij een ongelijke behandeling een recht verzet aan te tekenen, en eventueel een recht zich te bezwaren (§§ 13, 14 AGG). Ontoelaatbare benadelingen worden door schadeloosstelling- en schadevergoedingsregelingen sanctioneert (§ 15 AGG). Wie een beroep doet op het AGG moet eerst aanwijzingen bewijzen, die een benadeling laat vermoeden. Slaagt dit, moet de andere partij bewijzen, dat geen vergrijp voorlicht.

De wet verplicht de werkgever, interne maatregelen ter bescherming van benadeelde te treffen. Daarom moeten er klachten commissies ingericht worden en de werkgever moet in ieder afzonderlijk geval passende, noodzakelijke en geschikte maatregelen nemen om benadeling tegen te gaan. Dit begint bij de vermaning en gaat over in de uitdrukkelijke vermaning tot en met de opzegging van de arbeidsverhouding (§ 12 AGG).

4.4.5 Zorgplicht

De loyaliteitsplicht van de werknemer komt overeen met de zorgplicht van de werkgever. De wettelijk genormde of door de rechtspraak ontwikkelde gevallen van zorgplicht laten zich alleen door voorbeelden specificeren:

Bescherming van leven en gezondheid

De werkgever is verplicht, werkruimten, werkmiddelen en arbeidsverloop zo te regelen, dat de werknemer tegen gevaren voor leven en gezondheid zover beschermd is, zo wie de natuur van het bedrijf en het werk het toestaat (§ 618 BGB). Daarnaast moet de werkgever publiekrechtelijke arbeidsbeschermingvoorschriften nakomen. De werkgever heeft er voor te zorgen, dat iedere werknemer de passende en specifieke instructies na leeft. De werkgever heeft er voor te zorgen, dat iedere werknemer de gepaste en werkplaats specifieke instructies ontvangt en met alle vragen over de arbeidsbescherming aangehoord wordt. De gezondheidszorg op de arbeidsplaats kan de werkgever verplichten, een rookverbod af te kondigen (§ 5 ArbStättV).

Persoonlijke rechten van de werknemer

In de loop van een arbeidsverhouding verneemt de werkgever talrijke persoonlijke gegevens van de werknemer. Op grond van het wettelijk rechtelijk beschermde identiteitsrecht en de federale wet ter bescherming van persoonlijke gegevens (BDSG) is hij tegen de onbegrensde heffing, opslag, gebruik en het doorgeven van persoonlijke gegevens beschermd.

Het opslaan van persoonsgegevens is in zoverre toelaatbaar, als het, het doel van de arbeidsverhouding vereist (vgl. § 28 BDSG).

De werkgever treft ook een zwijg plicht voor feiten, aan die de geheimhouding de werknemer een terecht interesse heeft (bv. inkomen, gezondheidstoestand, persoonlijke omstandigheden):

Uitdrukkelijk voorgeschreven is de zwijgplicht van de werkgever

- Bij kennis van een zwangerschap(§ 5 I MuSchG),
- Bij beschermde personen gerelateerde gegevens (§ 5 BDSG),
- Bij werknemervinding (§ 24 I ArbnErfG).

Op grond van zijn algemene zorgplicht is de werkgever verplicht, de werknemer voor ongerechte behandeling door superieuren, voor illegale handelingen van arbeidscollega's (bv. beledigingen, geweldplegingen) te beschermen.

De werkgever is het niet toegestaan, heimelijk private telefoongesprekken af te luisteren. Ook een schending van het persoonlijke recht, en daarboven strafbaar, is het heimelijk toezicht houden op werknemers door buiging en optische observatie installaties (videocamera's).

In geen geval mogen in het kader van arbeidsmedische vooronderzoeken genetische onderzoeken of analysen voor genomen worden, noch mogen de uitslagen van deze voorgenomen onderzoeken opgevraagd of gebruikt worden (§ 24 GenDG).

Bescherming van eigendom van de werknemers

Tijdens de arbeidstijd heeft de werkgever voor persoonlijke voorwerpen en na de arbeidstijd voor werkkleding en gereedschap een veilige ruimte, kast of iets dergelijks ter beschikking te stellen. Stelt de werkgever een parkeerplaats ter beschikking heeft hij deze verkeerszeker te houden. Voor parkeerschaden, die door derde ontstaan zijn, is hij principieel niet aansprakelijk. Voor het overige is de werkgever aansprakelijk voor de door eigen schuld veroorzaakte materiële schaden, die de werknemer bij het werk heeft opgelopen.

5 Bijzondere vormen van de arbeidsverhouding

Naast de op onbestemde tijd afgesloten duurschuld verhouding zijn er verschillende andere vormen van de arbeidsverhouding.

5.1 Proef arbeidsverhouding

Te onderscheiden zijn

- De tijdelijk afgesloten proef arbeidsverhouding en
- De voorgeschakelde proeftijd bij een overigens tijdelijke arbeidsverhouding.

Een tijdelijke proef arbeidsverhouding is toelaatbaar(§ 14 I TzBfG) en eindigt met de laatste dag van de proeftijd zonder dat een ontslag nodig is.

Wordt er een tijdelijke arbeidsverhouding met voorgeschakelde proeftijd overeengekomen, dan is de opzeg termijn twee weken(§ 622 III BGB). Die overeengekomen proeftijd mag in ieder geval de duur van 6 maanden niet overschrijden.

5.2 Tijdelijke begrenzing

Tijdelijk begrensde arbeidscontracten zijn door de wet over deeltijdverdragen en tijdelijk begrensde arbeidscontracten (TzBfG) geregeld.

5.2.1 Tijdelijke begrenzing uit zakelijke redenen

De tijdelijke begrenzing van een arbeidscontract is steeds dan toelaatbaar, als daarvoor een zakelijk gerechtvaardigde reden is. § 14 I TzBfG Bevat een catalogus typische redenen voor tijdelijke begrenzingen(bv. voorovergaande behoefte aan extra arbeidskracht, vervanger voor een andere werknemer), zonder daarbij een andere regeling te treffen.

De tijdelijk begrensde arbeidsverhouding moet de gebruikelijke vorm van de tewerkstelling blijven. Om tijdelijk begrensde werknemers de overgang in een onbegrensde tewerkstelling te vergemakkelijken, moeten de volgende regelingen worden nagekomen:

De werkgever moet tijdelijk begrensde arbeidskrachten over vrije duurzame banen in het bedrijf en de onderneming informeren (§ 18 TzBfG).

- Tijdelijk begrensde werknemers is de deelname aan een passende opleiding en een her- en bijscholing mogelijk te maken, die hun ontwikkeling en mobiliteit vorderen, als er geen dringende bedrijfsredenen of prioritaire her- en bijscholing wensen van andere werknemer tegenover staan (§ 19 TzBfG).

- Bedrijf- en personeel verenigingen moeten over het aantal tijdelijk begrensde werkzame werknemers hun aandeel over het totale personeelsbestand van het bedrijf en het ondernemen geïnformeerd worden. De werknemer vertegenwoordigers dienen zo werkzame invloed uit op de praktijk van het aannemen van personeel in een bedrijf en kunnen de belangen van de tijdelijk begrensde werkzame werknemers beter vertegenwoordigen (§ 20 TzBfG).

5.2.2 Tijdelijke begrenzing zonder zakelijke redenen

De tijdelijke begrenzing van een arbeidscontract zonder zakelijke tijdelijk begrensde redenen is alleen bij een nieuwe indienstneming toelaatbaar. Het volgens de kalender tijdelijk begrensde arbeidscontract behoeft geen zakelijke redenen, als het arbeidscontract, of zijn hoogstens driemalige verlenging, de duur van twee jaar niet overschrijdt. (§ 14 II TzBfG). Ze is uitgesloten, als met de zelfde werkgever al een tijdelijk begrensd of een begrensd arbeidscontract bestond (§ 14 II TzBfG). Bij nieuw oprichtingen is een termijn van tot en met 4 jaar toelaatbaar (§ 14 II a TzBfG).

5.2.3 Schriftelijke vorm

Naar § 14 IV TzBfG moet het arbeidscontract de schriftelijke vorm worden aangedaan. Deze wettelijke schriftvorm eis, relateert zich alleen op de tijdelijk begrensde ontkenning als zodanig. De schriftelijke verklaring van de tijdelijk begrensde reden is alleen in het geval van een doelmatige tijdelijke begrenzing nodig. Het zelfde geldt eventueel ook voor de omstandigheid, dat van de mogelijkheid van de vergemakkelijkte tijdelijke begrenzing zonder zakelijke reden gebruik zal worden gemaakt. Het tijdelijk begrensde arbeidscontract geldt voor onbestemde tijd als gesloten, als de schriftelijke vorm nagekomen werd (§ 16 TzBfG).

5.2.4 Einde van de tijdelijk begrensde arbeidsverhouding

Het tijdelijk begrensde arbeidscontract eindigt met het aflopen van de termijn. § 15 II TzBfG legt vast, dat het doelmatig tijdelijk begrensde arbeidscontract met het bereiken van het doel alleen eindigt, wanneer de werkgever de werknemer dit tijdstip minstens twee weken van te voren schriftelijk mede deelt. Naar § 15 III TzBfG is de tijdelijk begrensde arbeidsverhouding alleen dan aan de opzegging van het contract naar termijn onderhevig, wanneer deze schriftelijk of in de collectievenarbeidsovereenkomst overeengekomen is. Het buitengewone (op staande voet) ontslag voor belangrijke redenen is altijd mogelijk.

5.3 Deeltijd arbeidsverhouding

Deeltijd arbeidsverhoudingen zijn alle arbeidsverhoudingen, bij die de regelmatige arbeidstijd in een week, korter is als die van vergelijkbare voltijd werknemers (§ 2 TzBfG). Bijzondere vormen van de deeltijdarbeid zijn

- De variabele, binnenkomend werk, aangepaste arbeidstijd (Kapovaz-werk) en
- De arbeidsplaats deling (Jobsharing).

Ter beschutting van de betroffen werknemers zijn met betrekking tot deze verdragsomgevingen beschermingsvoorschriften in §§ 12, 13 TzBfG opgenomen worden.

5.3.1 Aanspraakrecht

Werknemers, van wie de arbeidsverhouding langer als zes maanden heeft bestaan, hebben in bedrijven met meer als 15 medewerkers een rechtsaanspraak op deeltijdarbeid. De wens van een medewerker naar vermindering van zijn arbeidstijd, kan de werkgever alleen dan afwijzen, als er uit bedrijfsredenen geen bezwaar is (§ 8 IV TzBfG). Een aanspraak op deeltijdarbeid resulteert zich daar boven uit § 15 BEEG, § 3 Abs. 1 PflegeZG en § 81 V SBG IX.

Zulke redenen liggen bv. dan voor, als een medewerker onmisbaar is, problemen met de om organisatie van het werkverloop zouden ontstaan of het deeltijdwerk onevenredig hoge kosten zou veroorzaken. Met de wens van de werknemers en de daar tegenover staande bedrijfsredenen voor deeltijdwerk is naar § 8 V TzBfG alleen dan rekening te houden, als de werkgever ze binnen een maand geldend maakt.

5.3.2 Termijnen

De werknemer moet zijn wens, de arbeidstijd te verminderen, op zijn laatst drie maanden voor zijn begin geldend maken (§ 8 II TzBfG). Gelijkertijd moet hij verklaren, hoe de verminderde wekelijkse arbeidstijd op de afzonderlijke werkdagen verdeeld moeten worden (§ 8 II TzBfG).

Naar § 9 TzBfG is een deeltijd tewerkgestelde werknemer, die de wens aangekondigd had zijn contractueel overeengekomen werktijd te verlengen, bij het bezetten van een evenredige vrije arbeidsplaats, bevoorrecht in aanmerking te nemen. Dit geldt alleen dan niet, als het de dringende bedrijfsredenen of arbeidstijd wensen van andere deeltijd tewerkgestelde werknemer, die onder sociale gezichtspunten voorrang hebben, niet bezwaard.

5.3.3 Discriminatie verbod / informatieplichten

§ 4 TzBfG regelt het verbod van discriminatie. Naar § 4 I TzBfG is een deeltijd tewerkgestelde werknemer een arbeidssalaris of een andere deelbare vermogensvoordeel »minstens in een omvang te garanderen, die met het aandeel aan zijn werktijd en de arbeidstijd van een vergelijkbaar voltijd tewerkgestelde overeen komt«.

De wet bepaald informatie plichten die de werkgevers tegenover de werknemers en de onderneming- of personeelraad hebben (§ 20 TzBfG). Werknemer, die de werkgever de wens naar verkorting, verlenging of verplaatsing van hun contractueel overeengekomen werktijd aangekondigd hebben, heeft de werkgever over evenredige werkplaatsen, die bezet moeten worden, te informeren (§ 7 TzBfG). De werknemer vertegenwoordiging is over deeltijdarbeid in het bedrijf in kennis te stellen, in het bijzonder over de voorhanden en voorgeziene deeltijdwerkplaatsen evenals over de geplande maatregelen tot omwandeling van voltijd- in deeltijdwerkplaatsen en omgekeerd.

5.3.4 Opleiding- en Bijscholing- maatregelen

§ 10 TzBfG verplicht de werkgever, deeltijd tewerkgestelde werknemer de deelname aan opleiding- en bijscholing- maatregelen mogelijk te maken, en de gelijke behandeling van voltijd- en deeltijd tewerkgestelde een beroeps promotie te garanderen.

5.3.5 Ontslag bescherming

Naar § 11 TzBfG mag de werkgever de werknemer wegens de weigering om van een voltijd- in een deeltijd arbeidsverhouding te wisselen en omgekeerd, niet ontslaan.

5.4 Hulpkracht arbeidsverhouding

De wetgever heeft het begrip van de hulpkracht arbeidsverhouding niet algemeen geldig gedefinieerd. Alleen in de opzegtermijnen regeling van § 622 V BGB als zowel in § 1 NachwG bevinden zich van elkaar afwijkende definities. Ze zijn er als begrensde of tijdelijk begrensde, als voltijd- en als deeltijd arbeidsverhouding. De bijzonderheid bestaat daarin, dat bij een tijdelijk begrensde hulpkracht arbeidsverhoudingverhouding of bij een begrensde hulpkracht arbeidsverhouding met overeengekomen ordentelijke opzeg mogelijkheden het ontslag vergemakkelijkt is. Het opzeg termijn kan met een individueel contract volgens § 622 V BGB voor de eerste 3 maanden afgekort worden.

Ten opzichte van de hoogte van de vergoeding, maar in het bijzonder bij de loondoorbetaling en vakantietoeslag zijn hulpkrachten met de tijdelijk begrensde tewerkgestelde werknemer gelijk gesteld. Differentieringen bij de hoogte van de vergoeding zijn regelmatig ontoelaatbaar.

5.5 Werkzaamheden van geringe omvang

Een speciale vorm van de werkverhouding is de zogenaamde werkzaamheid van geringe omvang. Ze behoord tot de deeltijd arbeidsverhoudingen, zo dat hiervoor arbeidsrechtelijk alle verwijzingen naar deeltijd tewerkgestelde gelden. De werkzaamheid van geringe omvang is in twee genres overeengestemd worden: uitbetaalde tewerkstelling van geringe omvang volgens § 8 I Nr. 1 SGB IV of als werkgelegenheid op korte termijn naar § 8 I Nr. 2 SGB IV. Afwijkingen doen zich voor in het bereik belasting- en het sociale verzekeringsrecht.

Bij overschrijding van de verdiensten van 400 euro tot 800 euro heeft de wetgever voortaan een glijzone met progressief stijgende sociale verzekeringsbijdragen voor de werknemer voorgezien (§ 344 IV SGB III i.v.m. § 63 X SGB VI).

5.6 Werknemer afstand

Onder werknemer afstand of uitzendkracht wordt het gegeven van arbeidnemers van een werkgever (uitlener) aan een andere werkgever (ontlener) tot werkprestatie in zijn bedrijf verstaan. Er zijn echte en onechte uitzendkracht verhoudingen evenals aangrenzende vormen van het detacheren van werknemers, die arbeidsrechtelijk zeer verschillend geregeld zijn.

1. Een echte uitzendkracht verhouding bestaat, als een werkgever een werknemer alleen af en toe, in een voor zijn gehele ondernemen verwaarloosbare mate, uitleent of afstand doet van de werknemer, niet het primaire doel van het contract is, maar bv. het afstaan van een machine. De werknemer afstandswet is voor deze gevallen niet aanwendbaar.

2. Het afstand doen van werknemers voor commerciële redenen – onecht uitzendwerk – is door de werknemer afstandswet (AÜG) geregeld. Het AÜG bevat een verbod van zulke werknemer afstanden met goedkeuringsvoorwaarden door het federaal arbeidsbureau (uitzendbureaus).

De afgrenzing tussen de onechte en echte uitzendkracht verhoudingen gebeurt aanhand van de inhoud van het contract tussen de verlener en de ontlener.

Uitzendkrachtverhouding

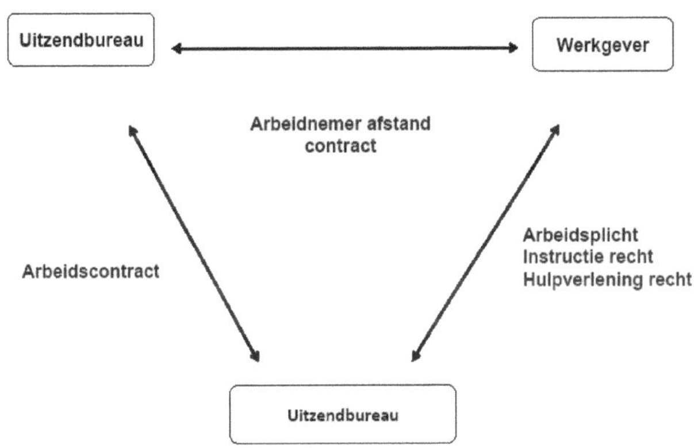

Tussen uitlener en uitzendkracht ontstaan in de regel geen contractuele betrekkingen. De uitzendkracht is echter aan het instructierecht van de ontlener onderworpen; omgekeerd geldt voor de uitlener het hulpverleningsrecht tegenover de uitzendkracht. Met het oog op de werkorde, werk- en ongevallen bescherming en werkplaats vormgeving zijn uitzendkrachten de andere werknemers van de ontlener gelijk te stellen.

Ter bescherming van de betroffen werknemers bevat het AÜG speciale regelingen over afsluiten en doorvoeren uitzendkracht verhoudingen:

- volgens § 1 I AÜG heeft de zakelijke werknemer afstand toestemming plicht, waarbij ze in de bauwsector volgens § 1b AÜG principieel verboden is;
- oefent de uitlener de werknemer afstand zonder toestemming uit, is volgens § 9 I AÜG het contract ineffectief en volgens § 10 I AÜG een arbeidsverhouding tussen de uitlener en de uitzendkracht ontstaan;

- bij het ineffectief zijn van het contract tussen uitlener en uitzendkracht staat de uitzendkrachtnemer volgens § 10 II AÜG een aanspraak op schadevergoeding toe;
- het contract tussen uitzendkracht en uitlener behoeft de schriftvorm en de ontlener moet de uitzendkracht over de toestemming volgens § 1 AÜG informeren (§ 12 I AÜG);
- draagt de uitzendkracht belasting en sociale verzekeringbijdragen niet correct af, dan is c.q. de uitlener daarvoor aansprakelijk;
- principieel zijn uitzendkrachten met vergelijkbare stam werknemers van de ontlener gelijk te behandelen(»Equal Pay«en »Equal Treatment«).

Is de ontlener van plan na het aflopen van de leens arbeid de uitzendkracht voor een durende werkverhouding over te nemen, dan moet de opzeggingstermijn tegenover de verlener gerespecteerd worden. Verdragsbepalingen, die de werknemer de overstap naar een werkverhouding bij de ontlener verbieden, zijn nietig (§ 9 Nr. 4 AÜG).

5.7 Beroeps opleidende verhouding

De beroepsopleidingwet (BBiG) regelt het verdragsrecht van de beroepsopleidingverhoudingen volgens de §§ 10 bis 26 BBiG uniform voor alle beroeps- en bedrijfstakken

5.7.1 Toelichting

Het toelichten van een beroeps opleidende verhouding kan vormloos gebeuren, onmiddellijk na het afsluiten van een contract, op zijn laatst voor het begin van de opleiding, moet de wezenlijke inhoud van het contract neer geschreven worden (§ 11 BBiG). Voor het bereiken van de meerderjarigheid is voor het afsluiten van een leercontract de toestemming van de wettelijke gemachtigden noodzakelijk. Op het contract zijn, zover zich uit zijn wezen en doel en uit de beroeps opleidingswet niets anders voordoet, de voor het arbeidsrecht geldende rechtsvoorschriften en rechtsprincipes toe te passen (§ 10 II BBiG).

Een proeftijd van minstens een, en van hoogstens vier maanden, is voor iedere beroeps opleidende verhouding voorgeschreven (§ 20 BBiG). In het leercontract kan overeen gekomen worden, dat zich de proeftijd bij een onderbreking van de opleiding voor meer als een maand zich evenredig verlengd. Futiel is een overeenkomst over de betaling van een vergoeding van de beroepsopleiding, ook als de ouders deze verplichting overgenomen hebben (§ 12 II BBiG).

5.7.2 Plichten van de opleiders

Daartoe horen in het bijzonder de opleiding, die voor het bereiken van het opleidingsdoel nodig is, het kosteloos ter beschikking stellen van opleidingsmiddelen, gereedschap en materiaal, die voor de opleiding en het afleggen van tests nodig zijn, het aanhouden tot bezoeken van de school voor beroepsonderwijs en de zorg voor de opbouw van het karakter en het afwenden van zedelijke of lichamelijke bedreigingen (§ 14 I BBiG).

Aan de leerlingen mogen alleen verrichtingen overgedragen worden, die de zin van de opleiding dienen en voor zijn lichamelijke krachten geschikt zijn. De leerling is voor het deelnemen aan het beroeps school onderwijs en voor tests vrij te stellen (§ 15 BBiG). Het zelfde geld, wanneer opleidingsmaatregelen buiten de opleidingsplaats (bv. in zich buiten het bedrijf bevindende praktijklokalen, bedrijfsbezichtigingen in het kader van het vakschoolonderwijs) door te voeren zijn. Een salaris uitval mag door de deelname aan het beroeps school onderwijs, aan tests of buiten het bedrijf plaats vindende maatregelen niet optreden.

5.7.3 Plichten van de leerling

De leerling heeft zijn best te doen, de vaardigheden en kennis te verwerven, die nodig zijn, om het opleidingsdoel te bereiken. Hij is vooral verplicht, de in het kader van zijn beroepsopleiding opgedragen verrichtingen zorgvuldig uit te voeren, aan opleidingsmaatregelen deel te nemen, waarvoor hij volgens § 15 BBiG vrijgesteld wordt (bv. beroepsschool onderricht, onderricht in zich buiten het bedrijf bevindende praktijklokalen), de instructies te volgen, die hem in het kader van de beroepsopleiding van de instructeur of andere instructie bevoegde personen verstrekt worden, de voor de opleidingsplaats geldende ordelijkheid in acht te nemen, zuinig te zijn op gereedschap, machines en andere installaties, en over bedrijf- en zaken geheimen het stilzwijgen te bewaren (§ 13 BBiG).

5.7.4 Vergoedingsaanspraak

De leerling heeft aanspraak op een vergoeding, die billijk moet zijn en naar gelang de leeftijd van de leerling met het voortschrijden van de beroeps opleiding, minstens jaarlijks, aanstijgt § 17 BBiG). Een over de overeengekomen regelmatige dagelijkse opleidingstijd gaande bezigheid, is bijzonders te vergoeden.

5.7.5 beëindiging

De beëindiging van de beroeps opleidingsverhouding treedt automatisch in met het aflopen van de opleidingstijd (§ 21 I BBiG). Slaagt de leerling al van tevoren voor zijn eindexamen, dan eindigt die met het slagen van het examen (§ 21 II BBiG). Bij het niet slagen van het examen verlengd het zich naar wens van de leerling tot het eerst mogelijke herhaling examen, hoogstens om een jaar. Wordt de leerling in aansluiting op de beroeps opleidingsverhouding verder te werk gesteld zonder dat hierover uitdrukkelijk iets is worden overeengekomen, dan geld een werkverhouding voor onbepaalde tijd als gefundeerd (§ 24 BBiG). Jeugd- en leerling vertegenwoordigers en overige leden van bedrijfsgrondwet organen zijn op hun schriftelijk verlangen na het beëindigen van hun beroepsopleiding van een werkgever principieel in een werkverhouding over te nemen (§ 78a BetrVG).

5.7.6 opzegging

De opzegging van de beroeps opleidingsverhouding tijdens de proeftijd is zonder naleving van de opzegtermijn mogelijk (§ 22 I BBiG). Na de proeftijd is een ordentelijke opzegging niet meer mogelijk. Veelmeer kan van beide delen alleen noch uit een belangrijke reden zonder in achtneming van een opzeg termijn ordentelijk ontslagen worden of van de instructeur met een opzeg termijn van vier weken, als hij de beroepsopleiding opgeven wil, of zich voor een andere beroeps werkzaamheid wil laten opleiden (§ 22 II BBiG).

Overzicht over de opzegging van de beroepsopleidingverhouding:

	Partijen	termijn	Materieel-rechtel.voorwaarden	Formeel-rech-tel.voorwaarden
Tijdens de proeftijd	Beide	Geen	Geen	Schriftelijk
Na de proeftijd	Beide	Geen, maar > 2 weken vanaf kennis name	Belangrijke reden	Schriftelijk met vermelding van reden
	alleen Leergast	4 Weken	1. Opgeven van beroep 2.Wisseling van beroep	Schriftelijk met vermelding van reden

5.8 Tele-arbeid / Thuiswerk

In tele-arbeid presteren die, die in zelf gekozen, of in een van werk- of opdrachtgever gereed gestelde werkplaats, eenvoudige of gekwalificeerde werknemer werkzaamheden aan EDV- toestellen verrichten, die door elektronische communicatie middelen van het bedrijf met de arbeid-werkgevers verbonden zijn. Ze kan op de basis van dienst-, werk-, of werkleverings verdragen in vrije medewerking, als thuiswerk of in een arbeidsverhouding (buiten werknemer) uitgevoerd worden.

De in thuiswerk tewerkgestelde zijn door de thuiswerkwet (HAG) beschermd. De beschermingsplichten van de HAG betreffen die, die het thuiswerk uit geven. De plichten zijn afzonderlijk in §§ 6 ff. HAG geregeld. Hierdoor ontstaan vier beschermingsgebieden:

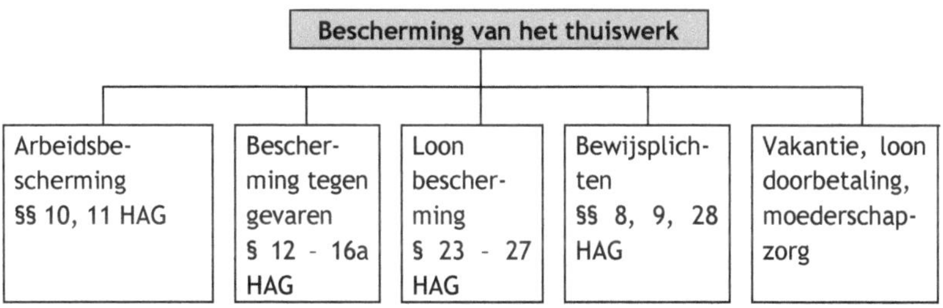

Ook een thuiswerknemer heeft een bescherming tegen opzegging (§ 29 HAG).

6 Loonbetaling ondanks het niet verrichten van arbeid

Het arbeidscontract is een onderling uitwisselbare verhouding. Daarom geld de grondregel »zonder arbeid geen loon«. Van wegen de sterke persoonlijke en sociale betrekkingen zijn er in deze grondregel een paar uitzonderingen.

6.1 Persoonlijke inhibitie redenen

Als de werknemer, zonder zijn schuld, voor een naar verhouding niet aanzienlijke tijd, voor persoonlijke redenen geen werk prestatie kan leveren, dan blijft het recht op loon bestaan (§ 616 BGB).

Voorbeeld:
Geboorte of sterfgeval in de familie,
zwaar ziektegeval van een naast familielid,
het eigen huwelijk,

Van deze grondregel, kan door het arbeidscontract, ook tot nadeel van de werknemers, afgeweken worden.

Aanspraak op loon bestaat bv. niet bij het verhindert zijn wegens

- Slechte weersomstandigheden,
- Uitval van het openlijke verkeerssysteem.

6.2 Loondoorbetaling in geval van ziekte

Tijdens de eerste vier weken van een arbeidsverhouding ontvangt de werknemer bij arbeidsongeschiktheid ziekengeld (§§ 44 I, 49 I Nr. 1 SGB V). Daarna geld de loondoorbetalingwet(EFZG), waarnaar een eenheidsregeling van de loondoorbetaling voor de arbeiders en de aangestelde als ook voor de tewerkgestelde in beroepsopleiding bestaat. Hierdoor hebben alle werknemers, die het bedrijf meer als vier weken aanbehoren, bij arbeidsongeschiktheid, een aanspraak op doorbetaling, van hun door de regelmatige arbeidstijd ontstane arbeidsloon (§ 3 EFZG). Het voor overuren betaalde arbeidsloon is hier van uitgezonderd (§ 4 EFZG).

Voorwaarde voor de aanspraak van de werknemers op loondoorbetaling in geval van ziekte is, dat de werknemer

- Arbeidsongeschikt is en
- Aan de arbeidsprestatie gehinderd wordt

- Op grond van ziekte;
- Zonder eigen schuld.

De aanspraak op loondoorbetaling bestaat voor tot en met zes weken (§ 3 I EFZG) e en ontstaat bij het weer ziek worden opnieuw.

Arbeidsongeschiktheid bestaat, als de werknemer volgens doktersattest niet, of alleen met het gevaar, zijn gezondheidstoestand te verslechteren, in staat is, zijn werk na te komen.

De arbeidsongeschiktheid en zijn vermoedelijke duur is de werkgever onmiddellijk mede te delen; Een doktersattest is op zijn laatst op de vierde werkdag van de arbeidsongeschiktheid voor te leggen, als de arbeidsongeschiktheid langer als drie dagen duurt (§ 5 EFZG). De werkgever is echter bevoegd, het aantonen van het arbeidsongeschiktheidsattest vroeger te vorderen. Duurt de arbeidsongeschiktheid langer als in het eerste attest aangegeven, moet de werknemer telkens een nieuw arbeidsongeschiktheidsattest voor leggen.

Is het arbeidsongeschiktheidsattest door de werknemer niet ingediend, dan kan de werkgever de loondoorbetaling verweigeren (§ 7 EFZG). In die gevallen, in die de werknemer het attest te laat indient, is het loon na te betalen.

Heeft de werkgever gerechte twijfel aan de arbeidsongeschiktheid van de werknemer, kan hij dit het ziekenfonds melden. Deze is dan verplicht, de arbeidsongeschiktheid door de medische dienst te laten onderzoeken (§ 275 I SGB V).

Bestaat de arbeidsongeschiktheid door de schuld van derde (bv. verkeersongeval) en heeft de werknemer daarom eisen tegenover de derde, dan gaan de eisen van de werknemers voor zover op de werkgever over, als deze loondoorbetalinguitkeringen incl. sociaalverzekering bijdragen geleverd heeft (§ 6 I EFZG).

6.3 Kuurmaatregelen

Bij maatregelen van medische verzorging en rehabilitatie (kuren) hebben werknemer een aanspraak op doorbetaling. Deze bestaat uit het arbeidsloon van de, voor hun maatgevend regelmatige arbeidstijd, voor de duur van tot en met zes weken (§ 9 EFZG).

Voorwaarde van de loondoorbetaling is, dat de maatregel van de sociaalverzekeringsinstelling ingewilligd word, een doktersadvies een stationaire behandeling aanbeveelt en deze in een polikliniek of revalidatiecentrum of in een vergelijkbare inrichting doorgevoerd wordt.

Is de werknemer in aansluiting aan een kuur niet meer in staat te werken, dan bestaat er aanspraak op loondoorbetaling. Ook moet de werkgever het verlangen van de werknemer naar ziekteverlof nakomen (§ 7 BUrlG).

6.4 Uitbetaling van feest dagen

Op wettelijke feestdagen bestaat principieel geen werkplicht (§ 9 ArbZG). De feestdagen worden door deelstaatwetten of door bondslandwetten vast gelegd. Algemene wettelijke feestdagen in alle landen zijn: Nieuwjaar, Goede vrijdag, paasmaandag, 1 mei, Hemelvaart, 3 oktober, 1 en2 kerstdag.

Voor wettelijke feestdagen, die op een werkdag vallen, en aan die de werknemer anders arbeidsloon door zijn arbeidsprestatie zou hebben verdient, is loon te betalen (§ 2 EFZG). Voorwaarde daarvoor is, dat de feestdag de enige reden voor het uitvallen van het werken is. Zo komt een loonbetaling bv. niet in aanmerking, als

- De werknemer ziekengeld ontvangt,
- Hij de dag voor en/of na de wettelijke feestdag zonder zich te verontschuldigen niet aanwezig was (§ 2 III EFZG),
- (bij parttime medewerkers) op deze dag in ieder geval niet gewerkt zou worden.

Maatgevend is het loon, dat de werknemer zou hebben verdient, als hij op deze feestdag net als op een normale feestdag gewerkt zou hebben, dh. de regelmatige vergoeding of het doorsnee loon (bij akkoordwerk) van de laatste maand. Het regelmatig meer werken is eveneens in de berekening mee te tellen, evenals de regelmatige provisies enz. Bij het korter werken in een periode rond om de feestdagen wordt ook op de feestdag minder arbeidsloon betaald (§ 2 II EFZG).

Voor op feestdagen gepresteerde arbeid is de normale vergoeding en daarbij een feestdag toeslag te betalen. Bestaan daarvoor geen tarief- of bedrijfsregelingen, zijn de plaats- of branches gebruikelijke toeslagen als overeengekomen te zien (vaak 50-100%).

Aan kerkelijke feestdagen (bij buitenlandse werknemers ook niet christelijke religieuze feestdagen) zijn werknemers op aanvrage van hun werk vrij te stellen (bv. voor bezoek aan de kerkdienst); een aanspraak op loondoorbetaling bestaat echter niet.

6.5 Vakantie

Iedere werknemer heeft volgens de bondsvakantie wet in ieder kalenderjaar aanspraak op een betaald ziekteverlof (§ 1 BUrlG).

De aanspraak op vakantie kan men niet afgestaan, beslag op gelegd, of vermaakt worden; een compensatie daarvoor is ontoelaatbaar. De aanspraak op vakantie blijft principieel tot het aflopen van het respectievelijke vakantiejaar (kalenderjaar) bestaan. Uit dringende bedrijf- of voor de werknemer persoonlijk liggende redenen is het overdragen van de vakantie in het volgende jaar mogelijk; de aanspraak blijft dan tot 31.3.Bestaan. Wordt de vakantie tot dan toe niet genomen, is hij vervallen (§ 7 III BUrlG).

De wettelijke minimumduur van de vakantie bedraagt 24 werkdagen (§ 3 I BUrlG). Een langere vakantieduur is de regel. Ze resulteert uit

- Wettelijke bestemmingen voor individuele werknemergroepen: bv. zwaar gehandicapte (§ 125 SGB IX), jongeren (§ 19 JArbSchG);
- Tariefcontractueel of enkelcontractuele overeenkomsten. De tariefcontracten zijn hier van grotere betekenis.

Als werkdagen gelden alle kalenderdagen, die niet zon- of wettelijke feestdagen zijn, dus ook de arbeidsvrije zaterdagen. 24 werkdagen zijn evenredig aan 4 weken vakantie.

Na een wachttijd van zes maanden werken, ontstaat voor het lopende kalenderjaar de volle aanspraak op vakantie (§ 4 BUrlG). Wordt in een kalenderjaar de wachttijd niet vervuld, is voor dit jaar vakantie, in hoogte van 1/12van de jaaraanspraak voor iedere gewerkte maand toe te staan.

Het vakantiegeld, is het voor de duur van de vakantie door te betalende loon van de werknemer, en met gemaakte overuren wordt geen rekening gehouden (§ 11 I BUrlG).

De ligging van de vakantie kan de werkgever bestemmen. Hij heeft echter rekening te houden met de interesses van de werknemer (§ 7 I BUrlG). De ondernemingsraad heeft een recht op inspraak (§ 87 I Nr. 5 BetrVG). Als de werknemer zijn vakantiewensen in een vakantielijst inschrijft, dan moet de werkgever binnen een redelijk termijn weerspreken, als hij met de ligging van deze vakantie niet akkoord gaat. Weerspreekt de werkgever achteraf, een bereids overeengekomen vakantie termijn, dan kan de werknemer deze weliswaar niet waarnemen, dan heeft de arbeidgever de daaruit ontstane kosten, en de nog uitstaande kosten echter te vergoeden.

De werkgever kan voor alle, of voor de meeste werknemers, bedrijfsvakanties verordenen, en het bedrijf voor deze tijd stil leggen. Hij heeft echter ook hier rekening te houden met de interessen van de werknemers, de ondernemingsraad heeft bij het vast leggen van de bedrijfsvakantie het recht van inspraak. Hem staat een mee bestemmingsrecht toe (§ 87 I Nr. 5 BetrVG).

De werknemer kan zijn aanspraak op vakantie niet zo doorzetten, dat hij de vakantie zonder toestemming van de werkgever neemt. Veelmeer is hij op de ondernemingsraad of de mogelijkheid van het indienen van een klacht bij de arbeidsrechtbank aangewezen.

Door dokters attest nagewezen ziekendagen tijdens de vakantie, worden de vakantie niet aangerekend. Kuren worden eveneens de vakantie niet aangerekend (§ 9 BUrlG).

6.6 Educatief verlof

In de meeste Bondslanden voorzien de eigen wetten het educatief verlof voor de werknemer. Het object is prioritair de beroepsmatige of politieke verdere vorming, die door een, voor de opleiding verantwoordelijke instantie wordt doorgevoerd, en van de respectievelijke besturen van de individuele deelstaten als capabel erkend worden. In de regel heeft de werknemer aanspraak op tien werkdagen educatief verlof, in twee samenhangende kalenderjaren, uitgaand van een vijf- dagen- week.

6.7 Moederschapzorg / Ouderschapsverlof

Vanaf het begin van de zwangerschap mogen wordende moeders niet met zwaar lichamelijk werk worden bezig gehouden, en geen werk wat schadelijk voor hen is. (§ 4 I MuSchG). Bovendien bestaat een tewerkstellingsverbod, zover er naar dokters attest geen gevaar is voor het leven en de gezondheid van moeder en kind bij het voortduren van de tewerkstelling (§ 3 I MuSchG).

In de laatste zes weken voor de ontbinding mogen moeders absoluut niet werken, het zei dan, ze verklaren uitdrukkelijk dat ze bereid zijn te werken (§ 3 II MuSchG). Na de geboorte van het kind mogen moeders uiterlijk tot 8, en na vroeg- of meerling geboorten uiterlijk tot en met 12 weken ook niet met toestemming tewerkgesteld worden (§ 6 I MuSchG).

Volgens § 11 MuSchG ontvangen werkneemsters tijdens de tewerkstellingsverboden het tot nu toe geldende doorsnee salaris van de laatste 13 weken, of de laatste 3 manden voor het begin van de maand, in die de zwangerschap begonnen is. Het mogelijke korter werken of ander uitval van werk blijft daarbij buiten betracht. Tijdens de beschermingsweken van 6 weken ofwel 8–12 weken na de bevalling ontvangt de werkneemster het zgn. kraamgeld.

Het Bonds ouderschapsgeld- en Ouderschapsverlofwet regelt twee kwaliteit complexe uit verschillende rechtsgebieden: De eerste – sociaal rechtelijke – passus bevat zich met de opvoedingsuitkering (§§ 1–14 BEEG); in de tweede passus bevat het BEEG arbeidsrechtelijke regelingen voor ouderschapstijd (§§ 15–21 BEEG).

De bonds ouderschapgeld- en ouderschapsverlof wet garandeert de werknemer tot de voltooiing van het derde levensjaar van een kind, dat ze zelf verzorgen en opvoeden, ouderschapsverlof (§ 15 BEEG). De ouderschapstijd kan geheel of tijdelijk, gezamenlijk van beide ouders worden genomen. Met toestemming van de werkgever is het overdragen van tot aan een jaar van het ouderschapsverlof, voor de tijd tussen de 4. En 8. Verjaardag van het kind (bv. tijdens het 1. Schooljaar) mogelijk.

Het aanmelding termijn voor het ouderschapsverlof is direct na de geboorte, ofwel na de moederschapzorg termijn 6 weken, en in andere gevallen 8 weken (§ 16 I BEEG). Die van de ouders enkel of samen genomen ouderschapstijd mag in zijn geheel in tot aan vier tijdvakken worden verdeeld.

Het toegestane parttime werk tijdens het ouderschapsverlof bedraagt 30 weekuren. Bij een gemeenschappelijk ouderschapsverlof, zijn samen dus 60 uren mogelijk (§ 15 IV BEEG). In bedrijven met meer als 15 personeelsleden bestaat onder bepaalde voorwaarden een aanspraak op vermindering van de werktijd, in het ouderschapsverlof, in het kader van 15 tot 30 weekuren. Deze aanspraak bestaat dan niet, als er uit dringende bedrijfsredenen bezwaar tegen is. Uiteindelijk bepaalt de opvoedingsuitkering verlichting voor de werkgever, als hij tijdens de ouderschapstijd verdere werknemer tijdelijk wil aannemen (§ 21 BEEG). Financiële belastingen van het opvoedingsgeld treffen de werkgever niet. De kosten van het opvoedingsgeld worden veelmeer van de overheid gedragen (§ 11 BEEG).

Tijdens het ouderschapsverlof geniet de werknemer ontslagbescherming (§ 18 BEEG).

6.8 Het ziek worden van een kind

Het verhindert zijn van een werknemer wegens de verzorging van een ziek kind, is een onderval van § 616 I BGB. De werknemer heeft bij het ziek worden van een kind een daarbovenuit gaande aanspraak op vrijstelling van het werk met een aanspraak op ziekengeld (§ 45 SGB V).

Voorwaarde voor de vrijstellingsaanspraak is,

- Dat naar dokters attest een toezicht, verzorging en verpleging van het zieke kind nodig is,
- Een andere in het huishouden levende persoon op het kind geen toezicht kan houden en
- Het kind het twaalfde jaar nog niet voltooid heeft.

De aanspraak bestaat in ieder kalenderjaar, voor ieder kind uiterlijk voor 10 werkdagen, voor ongehuwde moeders uiterlijk voor 20 werkdagen. Hij is in totaal op 25 of 50 werkdagen per jaar begrenst.

Aanspraak op onbetaalde vrijstelling hebben alle werknemers, ook als ze geen aanspraak op ziekengeld hebben (§ 45 V SGB V).

6.9 Verpleging naaste verwanten

De verplegingstijd wet opent tewerkgestelde de mogelijkheid, hulpbehoevende naaste verwanten in de huiselijke omgeving te verzorgen en daarmee de compatibiliteit van beroep en familiare verzorging te verbeteren.

De verplegingstijd regelingen baseren op 2 zuilen:

Bij acuut optredende verpleeg situaties hebben tewerkgestelde het recht, tot en met 10 werkdagen van het werk weg te blijven, om voor een naast familielid, een naar behoefte gerichte verzorging- verpleging te organiseren of de ogenblikkelijke verplegende verzorging van de betrokkene zeker te stellen (§ 2 PflegeZG).

Voor een langere verpleging naaste familieleden in huiselijke omgeving, kunnen werkende een aanspraak maken op een verpleeg tijd van tot 6 maanden. Hierbij kunnen tewerkgestelde tussen de complete of gedeelde vrijstelling van het werk kiezen. De aanspraak op verplegingstijd bestaat niet tegenover werkgevers met 15 of minder tewerkgestelde (§ 3 PflegeZG).

De noodzakelijke sociaal verzekeringsrechtelijke veiligheid tijdens de verpleeg tijd is gewaarborgd.

7 Aansprakelijkheid in de arbeidsverhouding

Bij de aansprakelijkheidsvragen in het arbeidsrecht is te onderscheiden, of de werkgever of werknemer, zijn plichten geschonden heeft en of het zich om feitelijke, of personen schaden handelt.

7.1 Schending van de werknemer plichten

Komt de werknemer zijn arbeidscontract plichten niet of onvoldoende na, kan dit tot drie rechtsgevolgen voeren:

- Loon vermindering,
- Ontslag,
- Schadevergoeding.

7.1.1 Aansprakelijkheid tegenover de werkgever

De werknemer is principieel aansprakelijk voor schade, die hij de werkgever bij het uitoefenen van zijn bedrijfswerkzaamheden toevoegt (§§ 280 I, 241 II BGB – bij eigendomsschendingen § 823 I BGB). De aansprakelijkheid van de werknemers met betrekking tot de schadevergoeding is echter beperkt, om de werknemer voor fnuikende belastingen te bewaren. Zo ontvalt de aansprakelijkheid bij lichte nalatigheid, bij midden nalatigheid deelt hij de aansprakelijkheid met werkgever (quote naar gelang de omvang van het schuld zijn, als zowel de graad van gevaarlijkheid van de werkzaamheid) en bij grove nalatigheid of bij voorbedachte rade is hij geheel aansprakelijk. De volle aansprakelijkheid bij grove nalatigheid is echter weer beperkt, als loon en schade risico in duidelijke discrepantie staan (voorbeeld: het voertuig heeft geen all- riskverzekering)

Aansprakelijkheid van de werknemer

Handelen van de werknemers	→	rechtsgevolg
Schuldloos tot licht nalatig	→	De werknemer is niet aansprakelijk
Nalatig (normale schuld)	→	De schadeverdeling gebeurd quoten matig evenredig de omstandigheden van ieder geval op zich
Grove nalatigheid	→	De werknemer is in volle hoogte aansprakelijk (met uitzondering)
Met voorbedachten rade	→	De werknemer is in volle hoogte aansprakelijk

De schadevergoedingseis kan bovendien door medeschuld van de werkgever geminderd worden (§ 254 BGB).

Voorbeeld voor een medeschuld van de werkgevers

- Noodzakelijke aanwijzingen niet verstrekt
- De vereiste bewaking niet uitgevoerd
- Geen goed gereedschap of apparatuur ter beschikking gesteld
- Te hoge eisen aan de capaciteiten van de werknemers gesteld

De bewijslast voor het zich schuldig maken van de werknemers is de werkgever opgelegd (§ 619 a BGB).

7.1.2 Aansprakelijkheid tegenover derden

Als in de uitoefening van het werk een schaden tegenover derden (bv. klanten) ontstaat, is naar de algemene grondregels van het aansprakelijkheidsrecht de werknemer aansprakelijk. De werknemer heeft echter tegenover zijn werkgever principieel een aansprak op vrijstelling van de schadevergoedingseisen in de hoogte, in die hem bij het benadelen van de werkgever de adhesie vermindering zou toekennen.

Bij lichamelijke schaden tegenover een arbeidscollega is de werknemer alleen dan aansprakelijk, als hij het arbeidsongeval opzettelijk veroorzaakt heeft, of het arbeidsongeval bij de deelname aan het algemene verkeer opgetreden is. Voor materiële schaden tegenover de arbeidscollega is hij principieel in volle hoogte aansprakelijk. Bij bedrijfsbezigheden heeft de werknemer al naar gelang de graat van zijn schuld een vrijstellingsaanspraak tegen de werkgever.

7.1.3 Manco aansprakelijkheid

Voor een manco (= Het missen van inventaris uit een kassa of uit een voorraad) is de werknemer aansprakelijk volgens § 280 I BGB (Schadevergoeding wegens plichtschending) of, uit ontoelaatbare handeling (§§ 823 ff). BGB). De werkgever draagt daarbij de beschrijvingsbewijslast voor plichtsverzuim, het intreden van de schade, en het zich schuldig maken van de werknemer.

Bij een contractuele manco ontkenning heeft de werknemer bij het ontbreken van inventaris, onafhankelijk van de schuld, op te komen. Zo een regeling is alleen dan toelaatbaar, als de werknemer een mancogeld wordt betaald en de aansprakelijkheid van de werknemers op de som van het betaalde mancogeld begrensd is. Bovendien moet hij de kans hebben, door opmerkzaamheid een overschot te bereiken.

7.2 Schending van de werkgever plichten

Schend de werkgever zijn plichten, kan de werknemer- naar gelang de positie van ieder afzonderlijk geval

- Zijn arbeidsvermogen terug houden,
- Het arbeidscontract buitengewoon opzeggen,
- Nakoming van de plichten verlangen,
- Schadevergoedingeis en smartengeld geldend maken.

Voor lichamelijke schade door een arbeidsongeval treedt – onafhankelijk van de schuld door werknemer of werkgever – de ongevallen verzekering in (§§ 7, 8 SGB VII). Alleen als de werkgever het arbeidsongeval opzettelijk veroorzaakt heeft, of het arbeidsongeval bij de deelname aan het algemene verkeer is voorgevallen, dan is de werkgever zelf aansprakelijk § 104 SGB VII). Bij materiële schaden is de werkgever aansprakelijk bij voorbedachte rade en nalatigheid en voor de schuld van zijn medewerkers.

Regres van de ongevallenverzekeringhouders:
Bij personenschade ziet § 110 SGB VII een regresaanspraak voor, zover het arbeidsongeval nalatig of grof nalatig veroorzaakt werd. Het omvat alle kosten, die de dragers van de sociale verzekeringen ten gevolge van het arbeidsongeval uitgeven moeten.

Schend de werkgever of een persoon, wier hij tot vervullen van zijn verplichtingen bediend, het lichaam, de gezondheid, de vrijheid of de discriminatie van de werknemers, kunnen deze eisen stellen op niet ontvankelijk zijn, op schadevergoeding, op smartengeld en op annulatie (zo ook § 15 AGG).

8 Prestatie storingen

Prestatie storingen liggen steeds dan voor als de, op grond van het arbeidscontract te leveren hoofd- of bijkomstige plichten, door een of beide arbeidscontract partijen niet of niet behoorlijk geleverd worden.

8.1 Onmogelijkheid

De arbeidsprestatie is een fiksschuld, dh. ze is principieel altijd op een gezette tijd te leveren. Als dit tijdpunt niet kan worden nagekomen, valt het werk uit en kan wettelijk niet ingehaald worden. De arbeidsprestatie is daarmee onmogelijk geworden – de betreffende eis van de werkgevers tegen de werknemer naar arbeidsprestatie volgens § 611 I BGB gaat volgens § 275 I BGB onder.

Moet de werknemer de onmogelijkheid verweren, bv. omdat hij na een doorgezakte nacht niet op zijn werk verschijnt, verliest hij de aanspraak op de evenredige tegenprestatie (§ 326 I BGB). Het loon kan de werkgever navenant korten. De werkgever heeft bovendien een aanspraak op vergoeding van de schade, die hem door het niet leveren van de werkprestatie is ontstaan (§§ 283, 280 I BGB). Het in geval van onmogelijkheid bestaande recht van aftreden (§ 326 V BGB) komt in het arbeidsrecht niet in aanmerking, omdat men anders het ontslag beschermingsrecht zou ontduiken.

Is de onmogelijkheid van de arbeidsprestatie al bij het sluiten van het contract gegeven, kan de werkgever of de werknemer na zijn gekozen schadevergoeding in plaats van de prestatie of vervanging zijn uitgaven verlangen, het zei dan, de schuldenaar kende deze onmogelijkheid niet en hoeft zijn onkunde niet te verdedigen (§ 311a BGB).

Moet de werkgever de onmogelijkheid waarnemen, bv. omdat hij het nodige arbeidsmateriaal niet ter beschikking stelt, behoudt de werknemer de aanspraak op de tegenprestatie (§ 326 II BGB).

Op de aanspraak moet hij zich echter datgene laten aanrekenen, wat hij ten gevolge van de vrijstelling van het werk bespaart of door het elders inzetten van zijn arbeidsvermogen verkrijgt of door kwaadwilligheid verzuimd (§ 326 II BGB).

Heeft nog de werknemer noch de werkgever de onmogelijkheid te verweren (bv. verwoesting van de arbeidsplaats, stroomuitval), zo verliest de werknemer tegen alle bestemmingen in volgens § 326 I BGB zijn recht op loon niet, omdat § 615 BGB bepaald, dat de vergoeding net zoals bij de aanneem vertraging ook dan door te betalen is, als de werkgever het risico van het uitvallen van het werk draagt.

Onder het gezichtspunt van het bedrijfsrisico (§ 615 S. 3 BGB) behoud de werknemer principieel de aanspraak op loondoorbetaling, als de onmogelijkheidsoorzaak in een bedrijfsstoring ligt, omdat de werkgever het bedrijf organiseert en leid, en de opbrengst van het in het bedrijf verrichtte werk ontvangt. Van deze grondregel zin er twee uitzonderingen:

1. De volle loondoorbetaling zou het bestaan van het bedrijf in gevaar brengen; in dit geval hebben de werknemers het bedrijfsrisico mee te dragen,
2. De storing is het bereik van de werknemers toe te schrijven.

Dat laatste is het geval, als door het gevolg van een staking van de levering van goederen het voortzetten van het werk, in de aan te leverende bedrijven onmogelijk, of economisch onmogelijk wordt, en als de voor de beide betroffen bedrijven verantwoordelijke organisaties identiek of organisatorisch eng verbonden zijn.

Met het bedrijfsrisico gelijk gesteld is het zgn. economische risico. Gemeend zijn hiermee gevallen in het bereik van afzet, gebrek of teuggang van de opdrachten. Het werken is weliswaar principieel nog mogelijk, maar heeft economisch geen zin meer. Ook in de gevallen van het economische risico is de ondernemer principieel verplicht tot het doorbetalen van vergoedingen.

8.2 Achterstand

Achterstand bestaat, als een verdragsonderdeel met het nakomen van zijn plichten in gebreke blijft. Er is te onderscheiden tussen aanname, achterstand (schuldeiser achterstand) en schuldenaar achterstand (prestatie achterstand).

Schuldenaar achterstand ligt voor, als de schuldenaar op de aanmaning van de schuldeiser, die na het intreden van de vervaldatum gebeurd is, door eigen schuld niet presteert (§§ 284, 285 ff. BGB). Bij kalendermatig bepaalde prestatie is de aanmaning te ontberen.

Voorbeeld:
De werkgever bevindt zich ook zonder aanmaning in schuldenaren achterstand, als hij op de overeengekomen of bedrijfsgewoonlijke betaaldag het loon niet betaald. Hij heeft dan de schade, die voor de werkgever daardoor is ontstaan, te vergoeden en de schuld voor de duur van achterstand op rente te zetten (§§ 286, 288 BGB).

De schuldenaren achterstand van de werknemers is bij het opzettelijke niet verrichten van werk gegeven, zij het, dat hij op het werk helemaal niet verschijnt of later verdragstegenstrijdig stopt. De vertraging verplicht hem tot schadevergoeding en geeft de werkgever het recht tot het ontslaan op staande voet. De werkgever heeft het recht de loonbetaling te verweigeren (§ 320 BGB). Ook kan hij op het vervullen van de toekomstige dienstverrichting klagen.

Aannemingsachterstand van de werkgever (§ 293 BGB) ligt voor, als de werkgever

- De aangeboden arbeidsprestatie niet aanneemt (zoals het zijn plicht uit de arbeidsverhouding zou zijn),
- Een noodzakelijke medewerkinghandeling verzuimt, zodat de werknemer de arbeidsprestatie niet kan uitvoeren (bv. de noodwendige technische apparatuur niet ter beschikking stelt) of
- Een noodzakelijke tegenprestatie, ter arbeidsprestatie niet uitvoert, ofschoon een zet-om-zet-tegenprestatie met de contractant overeengekomen is (bv. overeengekomen voorschot op het loon).

De voorwaarden voor de aannemingsachterstand zijn, dat

- Een vervullende arbeidsverhouding voor ligt,
- De werkgever zijn werk daadwerkelijk aanbied
- De arbeidsprestatie werkelijk mogelijk is (anders bedrijfsrisico).

In deze gevallen gaat de aanspraak van de werkgevers tegen de werknemers op arbeidsprestatie volgens § 611 I BGB en volgens § 615 BGB onder. De werkgever moet het geld doorbetalen. De werknemer moet zich op zijn looneis laten aanrekenen, wat hij ten gevolge van het niet vervullen van zijn dienstprestaties bespaard of ergens anders verkrijgt of kwaadwillig te verkrijgen verzuimd (§ 615 BGB).

De aannemingsachterstand wordt weggenomen, als de werkgever de werknemer verzoekt, weer te werken of zijn benodigde medewerkingplicht nakomt.

9 Korter werken / Winter uitvalgeld

Korter werken met een overeenstemmende vermindering van loon, bv. bij een tekort aan opdrachten, mag de werkgever niet eenzijdig bepalen. Alleen, zover in de bedrijfsovereenkomst of in de collectieve arbeidsovereenkomst de toelaatbaarheid van korter werken overeengekomen is of, of de werknemers toestemmen, kan korter werken met loonmindering volgen. Is het korter werken bij de dienst voor arbeidsbemiddeling aangemeld en zijn de voorwaarden voldaan, betaalt het federale arbeidsbureau voor de uitgevallen werkuren, afhankelijk daarvan, of de belasting kaart een vrijbedrag voor kinderen opwijst of niet, 67/% of 60%van het netto arbeidsloon (§§ 169 ff. SGB III).

Ligt er geen bevoegdheid tot het eenzijdig invoeren van korter werken met evenredige loonkorting voor, blijft de werkgever alleen de mogelijkheid het contract te wijzigen. Deze kan gerechtelijk op sociale onaangenaamheid nagekeken worden.

Bij het door weer veroorzaakt uitvallen van het werk in bedrijven van de bouwsector, betaalt het federaal arbeidsbureau vanaf de 101. Door het weer veroorzaakte uitgevallen werkuur, in de tijd dat het weer slecht is (1. November tot 31. Maart) het winter uitvalgeld (§§ 209 ff. SGB III).

Hiervoor geld het volgende:

- Van de 1. tot het 30. uitvaluur gebruikt de werknemer het bij goed weer aangespaard tegoed aan arbeidstijd, zodat hij tijdens deze tijd zijn volle loon, de normale loonbelasting, en sociaalverzekeringsplichtig is, verder ontvangt.

- Voor de 31.tot 100. uitvaluren betalen de dienst voor arbeidsbemiddelingen winter uitvalgeld in de hoogte van het werkelozengeld, dus 60%van het laatste volle netto loon, 67% bij gehuwde met kind, uit die van de bouwwerkgevers gefinancierde winterbouw doorbelasting. De arbeidgever betaalt hiervoor bijdragen voor sociaalverzekering uit 80 % van het uitgevallen loon. Die bijdragen worden van de werkgever in volle hoogte van de dienst voor arbeidsbemiddeling uit de, middelen van de hoofdelijke omslag winter bouwbelasting, vergoed.

- Vanaf het 101. uitvaluur betaalt de dienst voor arbeidsbemiddeling winter uitvalgeld in de hoogte van het werkelozengeld uit middelen van de werkelozenverzekering. De werkgever betaalt de bijdragen van de sociaalverzekering uit 80% van het uitgevallen loon, heiruit wordt ook later de rente berekend. Deze bijdragen worden hem niet vergoed.

10 Uitvindingen en verbeteringsvoorslagen

Het recht van uitvindingen en de technische verbeteringsvoorslagen is in de werknemer uitvinding wet (ArbnErfG) geregeld. Hiermee moet een compensatie van de interessen tussen de werknemer als uitvinder en de werkgever worden gemaakt.

10.1 Uitvindingen

Uitvindingen zijn creatieve prestaties van een werknemer, die als patentwaardig volgens de Duitse patent wet, of gebruiksexemplarisch naar het Duitse gebruik exemplaarrecht, te aanschouwen zijn (§ 2 ArbnErfG).

Volgens § 5 I ArbnErfG heeft de werknemer de dienst uitvindingen zonder uitstel de werkgever schriftelijk te melden. De werkgever heeft de mogelijkheid, onbeperkt of beperkt een aanspraak te maken op de uitvinding of ze vrij te geven (§ 6 I ArbnErfG). Gebeurt het in aanspraak nemen niet in een termijn van 4 maanden, wordt de uitvinding vrij (§ 6 II ArbnErfG).

Neemt de werkgever geen aanspraak op de uitvinding, dan ontstaat er een vergoedingsaanspraak van de werknemers. Dit geld zowel bij het onbeperkt in aanspraak nemen (§ 9 I ArbnErfG) zoals ook bij het beperkt in aanspraak nemen (§ 10 I ArbnErfG). Bij het onbeperkte in aanspraak nemen moeten werkgevers en werknemers volgens § 12 I ArbnErfG de vergoeding binnen een aangemeten termijn bedingen.

10.2 Technische verbeteringsvoorslagen

Verbeteringsvoorslagen van de werknemers zijn verbeteringsvoorslagen voor technische vernieuwingen, die niet patent- of gebruiksexemplarisch capabel zijn (§ 3 ArbnErfG). Is de werknemer gezien zijn arbeidscontract tot het ontwikkelen van technische verbeteringsvoorslagen verplicht, staan deze de werkgever zonder beperking toe. Handelt het zich om gekwalificeerde verbetering voorslagen, dus om zulke, die de werkgever een soortgelijke bevoorrechte positie verlenen als het bedrijf beschermingsrecht (§ 20 I ArbnErfG), heeft de werknemer de werkgever een evenredige vergoeding te betalen, zodra hij deze verbetering voorslag gebruikt.

11 Bedrijfsovergang / ondernemingsomzettingen

11.1 Bedrijfsovergang

Een bedrijfsovergang ligt voor, als de vorige bedrijfseigenaar zijn bedrijf of een gedeelte van het bedrijf door rechtsverkeer aan een andere bedrijfseigenaar overdraagt (§ 613a I BGB). Dit is altijd dan het geval, als de overnemer inhoudelijke en immateriële bedrijfsmiddelen in een dergelijke omvang overneemt, dat met hun het bedrijf zelfstandig voortgezet kan worden.

De nieuwe bedrijfseigenaar treedt volgens § 613a BGB in de rechten en plichten van de op het tijdpunt van de overgang bestaande arbeidsverhoudingen in.

Arbeidsrechtelijk is § 613a BGB vooral van belang, voor de van de werknemers in hun vorige betrekking verworven rechten, die gegrond zijn op de duur van het toebehoren aan een bedrijf.

Voorbeeld:

- Opzeggingstermijnen
- Opzeggingsbescherming
- inschaling volgens tarief
- Vakantie
- Kerstgratificatie
- Bejaardenverzorging

Rechte en plichten van de vorige werkgevers uit collectieve arbeidsovereenkomsten of bedrijfsovereenkomsten mogen principieel niet voor het aflopen van een jaar, en na het tijdpunt van de bedrijfsoverdracht ten nadeel van de werknemers worden veranderd. Een uitzondering hiervoor bestaat dan, als in het nieuwe ondernemen bedrijfsovereenkomsten of collectieve bedrijfsovereenkomsten met de zelfde regelingsonderwerpen bestaan. Een opzegging van de werkverhouding zowel door de vorige werkgever als door de nieuwe werkgever vanwege de bedrijfsovergang is ineffectief. Het recht van opzegging voor andere redenen blijft onaangeroerd (§ 613a IV BGB).

Voor de bedrijfsovergang is de werknemer in tekstvorm over details van de bedrijfsovergang te informeren (§ 613a V BGB), dh. over tijdpunt/geplande tijdpunt van de overgang, de reden voor de overgang, de rechtelijke, economische en sociale gevolgen van de overgang voor de werknemer evenals de ten aanzien van de werknemer in uitzicht genomen maatregelen. Gaat hij met de wisseling niet akkoord, dan kan hij binnen een maand schriftelijk weerspreken (§ 613a VI BGB). De werknemer blijft dan werknemer van zijn vorige werkgever; de werkverhouding gaat niet over op de verwerver, maar wel de arbeidsplaats. Een degelijke tegenspraak is alleen dan zinvol, als het de werknemer bekend is, dat de huidige werkgever passende vrije arbeidsplaatsen bezetten kan, anders kan de werkgever de werkverhouding werk gerelateerd opzeggen.

11.2 Omzettingen

In de omzettingswet (UmwG) is het recht van de gezelschapsrechtelijke reorganisatie van ondernemingen samengevat en gesystematiseerd. Daarbij worden zulke veranderingen geregistreerd, die betrekking nemen op de rechts verhoudingen van de samenleving.

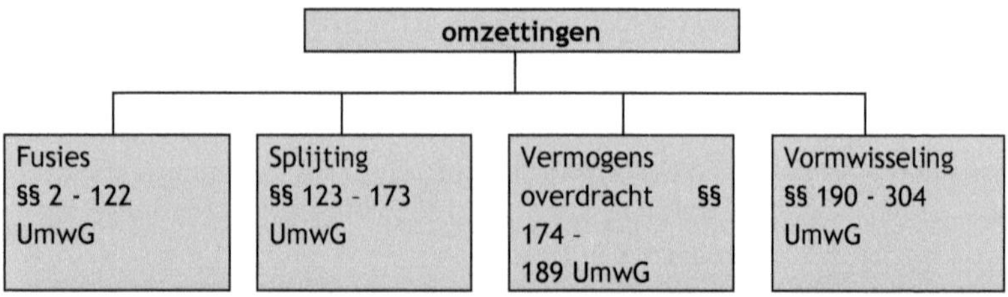

§ 323 I UmwG bepaald, dat de rechtelijke opzeggingsstelling van een werknemer, die voor het in kracht treden van een splijting of een gedeeltelijke overdracht, tot de delegerende rechtspersonen in een werkverhouding gestaan had, op grond van de splijting of gedeeltelijke overdracht, voor de duur van twee jaar vanaf het tijdpunt van het werkzaam worden, niet slechter mag worden.

Voorbeeld:

Een ondernemen met meer als 5 medewerkers telt na een omzetting minder als 5 werknemers. De toepassing en daarmee de bescherming van de KSchG blijft voor de werknemers twee jaar bestaan.

Volgens § 322 II UmwG geld een bedrijf, die de aan een splijting of aan een gedeeltelijke overdracht betrokkene rechtspersonen, na de omzettingshandeling samen leiden, als gemeenschappelijk bedrijf in de zin van KSchG, wier eigen werkgever, vijf of minder werknemers in dienst heeft, voor zover het totale aantal van de medewerkers de grenswaarde van § 23 I KSchG overschrijdt.

12 Insolventie

Ook bij de insolventie van de werkgevers gelden de regelingen van het algemene arbeidsrecht door. De opening van de insolventie procedure heeft op het bestand van de werkverhoudingen geen uitwerking. De trustee treedt op de plaats van de werkgever aan.

De vorderingen op achterstallig loon zijn eenvoudige insolventie vorderingen volgens §38 InsO. Dit wordt door de betaling van insolventiegeld voor de laatste 3 maanden voor het openen van de insolventie procedure gecompenseerd, dat ook dan wordt betaald, als het zich aansluitend om een insolventie sanering handelt (§§ 183 ff. SGB III).

Volgens § 113 InsO kunnen arbeidsverhoudingen van de insolventie trustee en van de werknemer worden opgezegd. Heeft de werknemer zijn werkzaamheid nog niet opgenomen, heeft de insolventie trustee een kiesrecht volgens § 103 InsO, of hij naleving van het arbeidscontract kiest of de diensten van de werknemers niet in aanspraak neemt. Voor in ten uitvoering gezette arbeidsverhoudingen geld principieel de algemene opzeggingsbescherming. De opening van de insolventie procedure alleen, rechtvaardigt een bedrijfsafhankelijke opzegging niet.

Met het oog op het opzeggingstermijn bestaan er faciliteiten. Volgens § 113 I InsO bedraagt de opzeggingstermijn drie maanden met ingang van het einde van de maand, als een kortere termijn niet maatgevend is. Bij een opzegging in het kader van de verkorte opzeggingstermijn heeft het andere deel het recht, vervanging voor de door de opheffing van de werkverhouding toegebrachte schade geldend te maken.

Bedrijfsakkoorden kunnen met een termijn van drie maanden opgezegd worden, als er een langer termijn overeengekomen is (§ 120 InsO).

Voert de insolventie trustee de bedrijfsverandering door, kan hij volgens. § 122 InsO de toestemming van het arbeidsgerecht tot het doorvoeren van de bedrijfsverandering inwinnen, zonder het proces volgens § 112 BetrVG te doorlopen. Geeft het arbeidsgerecht volgens § 122 InsO de toestemming tot bedrijfsverandering, dan vind § 113 III BetrVG geen gebruik. De nadelen compensatieaanspraken van de werknemer worden uitgesloten.

13 Beëindiging van de arbeidsverhouding

De arbeidsverhouding kan behalve door ontslag uit talrijke andere redenen eindigen. Anderzijds zijn er, in afwijking van andere contract rechten, meerdere toe drachten, die het beëindigen van de arbeidsverhouding met zich mee brengen. Deze zijn;

Geen beëindigingfeiten:	Reden:
Het voorbehoud terug te treden van de werkgevers	omzeiling des KSchG
Bedrijfsovergang	Rechtsopvolging gem. § 613a BGB
Weg vallen van het zakelijke fundament	Principieel opzegging nodig
Oproeping militaire of vervangende dienstplicht	§ 1 ArbPlSchG
Arbeidsstrijd	Alleen schorsing
De dood van de werkgever	Rechtsnavolging
Insolventie	Opzegging benodigd, § 113 InsO

Volgens § 2 II SGB III moet de werkgever, voor het beëindigen van werkverhouding werknemers over de noodzakelijkheid van eigen activiteiten bij het zoeken naar een andere betrekking evenals over de verplichting van het vroegtijdig melden bij de dienst voor arbeidsbemiddeling, informeren (§ 37b SGB III).

Als beëindigingfeiten zonder ontslag komen in aanmerking:

13.1 Foutief arbeidscontract

Een arbeidscontract kan voor de meest uiteenlopende redenen, rechtens foutief zijn. De gevolgen zijn of ongeldigheid, dh. bij voorbaat niet werkzaam zijn van het contract, of aanvechtbaarheid, dh. opheffing van het contract na overeenstemmende aanvechtingverklaring van een partij, dan echter ook met terug werkende kracht. De tijd, voor die echter werk verricht werd, geld als »facties« (Feitelijke) arbeidsverhouding, dat als een arbeidsverhouding zonde gebreken afgewikkeld moet worden.

Foutieve arbeidscontracten

Nietigheid

⇓

Redenen:
- Zakelijke onbekwaamheid, § 105 BGB
- Beperkte zakelijke onbekwaamheid, §§ 106 ff. BGB
- Ontbrekend vertegenwoordigingsgezag, § 177 BGB
- Vorm mangel, § 125 BGB
- Loonwoeker, § 138 II BGB
- In strijdt met de goede zeden, § 138 I BGB
- Vergrijp tegen wettelijke verboden, § 134 BGB

Aanvechtbaarheid

⇓

Redenen:
- Vergissing,
- Dreiging,
- Arglistig bedrog (§§ 119, 120, 123 BGB)

13.2 De dood van de werknemer

De dood van de werknemer beëindigt de werkverhouding (§ 613 BGB). Bij de dood van de werkgever eindigt de arbeidsverhouding zonodig dan, wanneer de werkgever een natuurlijke persoon is.

13.3 Voor bepaalde tijd

Tijdelijke arbeidscontracten (arbeidscontracten op tijd) eindigen zonder opzegging met het aflopen van de overeengekomen tijd (§ 15 TzBfG). De duur van een bepaalde tijd lopend arbeidscontract kan door een termijn of doeleinde van de arbeidsprestatie worden vastgesteld

13.4 Leeftijdsgrens

Het bereiken van de wettelijke leeftijdsgrens betekent niet automatisch het einde van de arbeidsverhouding. Zonder ontslag eindigt een arbeidsverhouding alleen bij het bereiken van het wettelijke ouderdomspensioen of bij het betrekken van het ouderdomspensioen, als dit in een collectieve arbeidsovereenkomst, in een bedrijfsovereenstemming of in een arbeidscontract vastgelegd is (vgl. § 41 SGB VI).

13.5 Opheffingsoordeel

Is het ontslag ineffectief, maar een samenwerking van de partijen wegens strijd niet meer draaglijk, bestaat op aanvrage van een partij de mogelijkheid, door oordeel, de arbeidsverhouding tegen betaling van een schadeloosstelling door de wekgever te beëindigen I(§ 9 KSchG). De hoogte van de afkoopsom kan naar gelang de leeftijd en de bedrijfslidmanschap tot aan 18 maanden loon bedragen (§ 10 KSchG).

13.6 Opheffingscontract

Door een schriftelijk contract kan de arbeidsverhouding te allen tijde opgeheven worden. De opzeggingsvoorschriften noch het medewerkingrecht van de ondernemingsraad zijn dan geldig. Ook zwangere, zwaar gehandicapte ondernemingsraadleden kunnen een opzeggingscontract afsluiten. Het opzeggingscontract kan van wegen een vergissing in de inhoud, wederrechtelijke dreiging of arglistig bedrog aangevochten worden.

Een opheffingscontract moet voor zijn doeltreffendheid schriftelijk worden aan gedaan, § 623 BGB. Wordt de schriftvorm niet nagekomen, is het opheffingscontract geannuleerd (§ 125 BGB). De arbeidsverhouding blijft dan bestaan. Over belasting- en sociaal verzekeringsrechtelijke gevolgen van het opheffingscontract moet de werknemer voorgelicht worden.

De partijen kunnen zich in verband met een opheffingscontract over de betaling van een schadeloosstelling accommoderen. Een wettelijke aanspraak hierop bestaat niet.

De aanspraak op werkelozengeld rust, als de werknemer van wegen het beëindigen van de arbeidsverhouding een schadeloosstelling heeft gekregen of daarop een aanspraak maakt en daar arbeidsloon bij inbegrepen is. Dit is dan het geval, als de arbeidsverhouding zonder naleving van een ordentelijke opzeggingstermijn beëindigd werd (§ 143a SGB III). Het rusten van de aanspraak op werkelozengeld geldt voor de duur van de ingehouden opzeggingstermijn, op zijn langst een jaar. Al naar gelang de hoogte van de schadeloosstelling en de wettelijke belastingvrije bedragen kan zich de rustperiode verkorten. Een spertijd zonder werkelozengeld betaling van regelmatig twaalf weken treed dan in, als de werknemer de tewerkstellingsverhouding zonder belangrijke reden heeft ontbonden (§ 144 SGB III).

13.7 Op leeftijd deeltijd

Volgens § 1 van de op leeftijd deeltijdwet (ATG) kunnen werknemers, die het 55. levensjaar gepasseerd zijn, door deeltijd op leeftijd de glijdende overgang van het beroepsleven in de pensionering mogelijk gemaakt worden. Het federaal arbeidsbureau vordert deze maatregelen tot aan zes jaren bij het voorliggen van de voorwaarden (Het weer bezetten van de arbeidsplaats voor minstens 4 jaren met een werkeloze of een werknemer na het beëindigen van de opleiding) met desbetreffend aanvullende uitkeringen.

Een aanspraak op, op leeftijd deeltijd beargumenteerd het ATG niet. Het is eerder nodig, om een individueel contractuele overeenkomst of een tariefcontract voor zo een aanspraak te bepalen.

Belangrijke arbeidsrechtelijke regelingen in samenhang met de op leeftijd deeltijd bevat § 8 ATG, in het bijzonder een ontslagverbod vanwege het mogelijke in aansprak nemen van de op leeftijd deeltijd (§ 8 I ATG). Het ATG is tot 31. 12. 2009 determineert.

14 Opzegging

De opzegging is de verklaring van een der beide partijen van het arbeidscontract, de arbeidsverhouding te willen beëindigen. Principieel zijn zowel de werkgever als de werknemer gerechtigd op te zeggen; Voor beide gelden daarvoor de grondbeginselen van het recht van verdragsomstandigheden. Voor de werknemer bestaat een opzeggingsbescherming door de opzeggingsbescherming wet (KSchG), het hoor en wederhoor- en verweerrecht van de ondernemingsraad/sprekercommissie (§ 102 BetrVG; § 31 II SprAuG) en de opzegging beschermingsbestemmingen voor bijzondere personen groepen. De opzegging als een eenzijdige wilsverklaring heeft volgende uitwerkingen:

- De opzegging van een minderjarige zonder toestemming van de wettelijke gemachtigden is futiel (§ 111 BGB);
- De opzegging verlangt vertegenwoordigingsmacht (§ 180 I BGB), een later toegevoegde toestemming is alleen mogelijk, als de opzeggingsontvanger de gestelde vertegenwoordigingsmacht niet afkeurt;
- De van een gevolmachtigd verklaarde opzegging is ineffectief, als ze van de ontvanger van de opzegging onmiddellijk terug gewezen wordt en de gevolmachtigde geen volmachtoorkonde voorlegt (§ 174 BGB). De terug wijzing is niet mogelijk, als de gevolmachtigde in het bedrijf een positie inneemt, die gebruikelijker wijze met het opzeggingsrecht verbonden is.

14.1 Toegang van de opzegging

De toegang van de opzegging is vooruitzetting van de werkzaamheid van de opzegging en het begin van de opzeggingstermijn. Ze hoeft van de andere partij niet aangenomen te worden, om werkzaam te zijn. Een toegang bij de ontvanger ligt voor, als de opzeggingsverklaring zo in het machtbereik van de ontvanger terecht komt, dat met de kennisname onder normale omstandigheden te rekenen is.

Een opzegging kan niet eenzijdig teruggenomen worden. Een terugname is alleen voor toegang mogelijk. Na toegang moet zich de ontvanger met de terugname akkoord verklaren, anders wordt de arbeidsverhouding beëindigd.

14.2 Inhoud en vorm van de opzegging

Een opzegging moet schriftelijk gebeuren. (§ 623 BGB). Ze moet duidelijk en zonder twijfel zijn. Onklaarheden gaan ten laste van de opzeggende. Is het tijdpunt, waarop de arbeidsverhouding moet eindigen, niet duidelijk aangegeven, is voor de opzegging van het contract van het eerst mogelijke termijn uit te gaan.

Het aangeven van de opzeggingsreden is bij het opzeggen van het contract naar termijn niet, en bij een buitengewone opzegging alleen naar wens voorgeschreven (§ 626 II BGB).

Uitzonderingen:

1. Als dit door een collectieve arbeidsovereenkomst, bedrijfsovereenkomst of individuele overeenkomst overeengekomen is;
2. Als een opleidingsverhouding opgezegd wordt (§ 22 III BBiG).

Een na schuiven van opzeggingsredenen is principieel niet toelaatbaar, als de redenen bij afgifte van de verklaring voorlagen. Zover er een ondernemingsraad bestaat, kunnen er geen redenen na geschoven worden, waartoe de ondernemingsraad niet correct gehoord werd (§ 102 BetrVG).
Een opzegging kan wegens een vergrijp tegen een wettelijk verbod of de goede zeden nietig zijn. (bv. §§ 125, 138 BGB).

14.3 Meebestemming van de ondernemingsraad / Sprekercommissie

Als de ondernemingsraad/sprekercommissie onder vermelding van de redenen voor de opzegging niet ingelicht wordt, is dit ineffectief (§ 102 I BetrVG; § 31 II SprAuG). De ondernemingsraad /sprekercommissie kan tegen de buitengewoonlijke opzegging binnen 3 dagen bezwaar aantekenen. Bij het opzeggen van het contract naar termijn kan de ondernemingsraad binnen een week bezwaren opwerpen (§ 102 II BetrVG) of schriftelijk weerspreken (§ 102 III BetrVG), als

- Heeft de ondernemingsraad verweer, tegen die de werkgever bij de sociale keuze sociale redenen niet toerijkend gerespecteerd hat,
- De opzegging richtlijnen weerspreekt, die met de ondernemingsraad overeengekomen zijn,
- De op te zeggende werknemer aan een andere arbeidsplaats in het bedrijf of ondernemen verder tewerkgesteld kan worden,
- Een verdere tewerkstelling na toe moetbare scholingsmaatregelen of met veranderde verdragsvoorwaarden mogelijk is.

Als zijn ontslag is uitgesproken en de werknemer bijtijds een ontslagbeschermingaanklacht indient, moet de werknemer tot de afsluiting van het ontslagbeschermingproces te werkgesteld worden, als dit niet tot een ondraagbare last van de werkgevers wordt (§ 102 V BetrVG).

14.4 Opzeggen van het contract met termijn

Een normaal geval van de eenzijdige beëindiging van een arbeidsverhouding voor onbepaalde tijd, is het opzeggen van het contract binnen de gestelde tijd (§ 622 BGB). Zo een ontslag is al toelaatbaar voor het beginnen van de tewerkstelling. Door collectieve arbeidsovereenkomsten of individuele overeenkomsten kan het recht voor het opzeggen van het contract naar termijn uitgesloten worden, in een bedrijfsovereenkomst alleen dan, als er geen ontslag beperkingen volgens tarief bestaan.

Bij tijdelijke arbeidsverhoudingen is het opzeggen van het contract naar termijn uitgesloten, als dit niet uitdrukkelijk in het arbeidscontract overeengekomen is (§ 15 III TzBfG).

De werknemer kan zonder zakelijke reden opzeggen. Het ontslag van de werkgevers moet bij het aanwenden van het KSchG sociaal gerechtvaardigd zijn (§ 1 KSchG).

Een opzegging van het contract naar termijn, kan in een tijdbestek van vier weken tot de vijftiende, of tot het einde van een kalender maand gebeuren (§ 622 I BGB). De opzeggingstijd gedurende een overeengekomen proeftijd (op zijn langst zes maanden) bedraagt minstens zes weken (§ 622 III BGB).

Voor de termijnberekening gelden de §§ 186 ff. BGB. Het handelt zich hier om een gebeurtenis binnen een bepaald tijdbestek volgens § 187 I BGB. Wordt de opzeggingstermijn niet aangehouden, is het ontslag normalerwijze toch werkzaam, omdat ze in een opzegging tot de eerst mogelijke termijn om geïnterpreteerd kan worden (§ 140 BGB).

Met de langere duur van de arbeidsverhouding verlengen zich de opzeggingstermijnen voor de werkgevers (§ 622 II BGB):

Duur van de arbeidsverhouding	Opzeggingstermijn
2 jaar	1 Maand tot aan het einde van de maand
5 jaar	2 Maanden tot aan het einde van de maand
8 jaar	3 Maanden tot aan het einde van de maand
10 jaar	4 Maanden tot aan het einde van de maand
12 jaar	5 Maanden tot aan het einde van de maand
15 jaar	6 Maanden tot aan het einde van de maand
20 jaar	7 Maanden tot aan het einde van de maand
Bij de berekening van de tewerkstellingsduur wordt er met de tijd voor de voltooiing van het 25. Levensjaar geen rekening gehouden.	

In collectieve arbeidsovereenkomsten kunnen zowel langere als ook kortere termijnen overeengekomen worden (§ 622 IV BGB). In individuele verdragen kunnen principieel alleen langere opzeggingstermijnen worden overeengekomen; kortere opzeggingstermijnen alleen met uitnamen (§ 622 V BGB):

- Voor de tijdelijke hulp, als de duur van de werkverhouding drie maanden overschrijdt;
- In bedrijven met minder als twintig werknemers (waarbij met leerlingen niet, en met deeltijdwerkers met een regelmatige wekelijkse werktijd van minder als 20 uur met 0,5 en minder als 30 uur met 0,75 wekelijks wel rekening wordt gehouden). De opzeggingstermijn bedraagt dan vier weken zonder een vaste opzeggingsdatum.

Voor een opzegging door de werknemer mag geen langer termijn gelden als voor het ontslag van de werkgever (§ 622 VI BGB).

14.5 Ontslag op staande voet

Een ontslag op staande voet komt in betracht, als er redenen bestaan, die het voortzetten van de arbeidsverhouding voor een verdragspartner onaanvaardbaar maakt (§ 626 BGB). Het ontslag op staande voet moet de onvermijdelijke laatste maatregel voor diegene die te ontslaan is zijn, dh. alle zachtere remedies (bv. verplaatsing, gewijzigd ontslag, het opzeggen van het contract met termijn) moeten uitgeput zijn.

In tegenstelling tot het opzeggen van een contract met termijn kan een ontslag op staande voet, op staande voet worden aan gezegd. Ze treedt in werking op de dag van het toekomen.

14.5.1 Belangrijke reden

De belangrijke reden voor het ontslag op staande voet moet objectief het voortzetten van de arbeidsverhouding onmogelijk maken. Zulke redenen kunnen bv. zijn:

- Arbeidsweigering, lijntrekkerei met aanzienlijk absenteïsme,
- Schending van de veiligheidsvoorschriften,
- Zwaarwegende beledigingen,
- Dronken achter het stuur zitten (bij automobilisten),
- Omkoopbaar zijn; Onkosten bedrog,
- Foutieve documentatie van werktijden.

14.5.2 Onaanvaardbaarheid

De opzeggende partij moet het bij een ontslag op staande voet ondraaglijk zijn, de arbeidsverhouding tot het aflopen van de opzegging van het contract met termijn voort te zetten. Hierbij is rekening te houden met alle omstandigheden van ieder individueel geval en de interessen van het ondernemen en de werknemers af te wegen.

Liggen bv. mengel in het prestatie vermogen voor en kunnen die mengel van de werknemer uit de weg geruimd worden, dan is in ieder geval van te voren een nadrukkelijke vermaning noodzakelijk (§ 314 II BGB). Ligt er eventueel mede schuld van de werkgever voor, dan kan het ontslag op staande voet ongerechtvaardigd zijn.

14.5.3 Uiterlijke datum

Het ontslag op staande voet moet binnen veertien kalenderdagen uitgesproken worden, nadat de werkgever de reden voor de opzegging bekend geworden is. Na het aflopen van de termijn wordt onweerlegbaar vermoed, dat het van de opzeggende partij te vergen is de arbeidsverhouding voort te zetten. Binnen deze termijn is ook de hoorzitting van de ondernemingsraad/sprekercommissie voor te nemen (§ 102 BetrVG; § 31 II SprAuG).

14.5.4 contractueel ontslag

De dringende verdacht van een zware contractuele plicht schending kan de reden voor een ontslag zijn. Voor onderstelling hiervoor is, dat:

1. Het verdacht objectief door feiten beargumenteerd is;
2. De vertrouwensverhouding aanzienlijk verstoord is;
3. De werknemer gelegenheid tot stelling name werd gegeven;
4. De werkgever alles voor de opheldering van het verdacht heeft gedaan.

Was het verdacht ongegrond, heeft de werknemer bij bewezen onschuld een recht op weer in dienstneming.

14.6 Wijzigingsopzegging

Deelopzeggingen, dh. opzeggingen van individuele tewerkstellingsvoorwaarden, zonder gelijkertijd de gehele werkverhouding op te zeggen, zijn niet toelaatbaar. Moeten individuele voorschriften van het arbeidscontract worden veranderd, dan is hiervoor een wijzigingsopzegging nodig. Ze is een opzegging, die verbonden is met het aanbod, de werkverhouding met veranderde voorwaarden voort te zetten (§ 2 KSchG). Ze voert tot het beëindigen van het gehele arbeidscontract, als de ontvanger van de opzegging de aangeboden veranderingen niet toestemt. De werknemer kan tegen deze opzegging klagen.

De werknemer kan dit wijzigingsaanbod ook toestemmen of onder voorbehoud toestemmen. In het laatste geval kan hij een klacht op vaststelling, dat de verandering van de arbeidsvoorwaarden sociaal ongerechtvaardigd zijn, indienen (§ 2 KSchG). In het opzegging beschuttingsproces wordt dan overeenstemmend met het doel de wijzigingsopzegging gecontroleerd, of de veranderingen van de arbeidsvoorwaarden voor de werknemer draaglijk zijn. Wordt de ondraaglijkheid vast gesteld, moet de werknemer met de voorwaarden van tot nu toe, verder tewerkgesteld worden.

14.7 Opzeggingsbescherming

Te onderscheiden zijn arbeidsverhoudingen, die niet aan de opzeggingsbescherming wet (KSchW) onderworpen zijn, arbeidsverhoudingen met algemene opzeggingsbescherming en zulke met bijzondere opzeggingsbescherming.

Niet onder de opzeggingsbescherming wet vallen arbeidsverhoudingen, die niet langer dan 6 maanden bestaan (§ 1 I KSchG).

In bedrijven met 10 of minder werknemers (zonder leerlingen) geldt het KSchG niet voor werknemers, wier arbeidsverhouding na de 31. 12. 2003. Begonnen is. Werknemers, die op 31. 12. 2003. In een bedrijf met meer als 5 werknemers tewerkgesteld waren, hebben ook verder hun opzeggingsbescherming. Deze werknemers behouden hun opzeggingsbescherming zo lang, als in het bedrijf meer als 5 werknemers tewerkgesteld zijn. Bij de onderzoeking van beide drempelwaarden wordt er met deel tijd tewerkgestelde werknemers evenredig rekening gehouden.(tot 20 uur in de week met 0,5 tot 30 uur in de week met 0,75).

14.8 Opzeggingsredenen

Opzeggingen zijn volgens § 1 KSchG alleen sociaal gerechtvaardigd, als redenen

- In de persoon van de werknemers of
- In het gedrag van de werknemer voorligt of
- De oorzaak dringende bedrijfsdoeleinden zijn.

Bovendien mag geen reden i.v.m. § 1 II KSchG ter tafel liggen en de ondernemingsraad vorm- en termijn gerecht weersproken hebben. De voorgenoemde gevallen zijn:

- Schending van een selectie richtlijn volgens § 95 BetrVG,
- De mogelijkheid verder te werk gesteld te worden, aan een andere arbeidsplaats, in het zelfde bedrijf of ondernemen,
- De mogelijkheid verder te werk gesteld te worden na toe moetbare omscholing- en bijscholing maatregelen of onder veranderde arbeidsvoorwaarden met toestemming van de werknemers.

Alle opzeggingsredenen zijn gezamenlijk:

Prognoseprinciep: De opzeggingsredenen zijn toekomst gerelateerd. Het is te proeven, of een verdere tewerkstelling in de toekomst ontvalt. Maatgevend is daarbij de beoordeling op het tijdpunt van toegang van de opzegging.

Ultima-Ratio princiep: De opzegging moet het laatste tot vervoeging staande middel zijn, om het probleem in het bedrijf op te lossen. Zijn er minder harde middelen (bv. verzetting), dan zijn deze aan te grijpen.

Interesseafweging: Het interesse van de werknemer aan het beëindigen van een contract, zijn met de interessen van de werknemer aan het voortbestaan van de arbeidsverhouding, tegen elkaar af te wegen. Een opzegging is dan gerechtvaardigd, als de interessen van de werkgevers overwegen.

De rekening mee te houdende interessen bij een opzegging	
Aan de kant van de werkgevers:	**Aan de kant van de werknemers:**
• Goed functioneren van het bedrijf • Arbeidsdiscipline van de medewerkers • Toetreden van een concrete schaden • Herhalingsgevaar • Ernstige schade op het aanzien van de werkgevers	• Aart, frequentie, zwaarte van verweten plicht verzuim • Het vroegere gedrag van de werknemers • Mede schuld van de werkgevers • Duur van de bedrijfslidmanschap en leeftijd • Sociale positie van de werknemers

14.8.1 Personenafhankelijke ontslagredenen

Personen afhankelijk zijn zulke redenen, die op de persoonlijke eigenschappen en bekwaamheden van de werknemers berusten. Daarbij kan het onderscheiden tussen de verhoudingsafhankelijke redenen in ieder individueel geval moeilijk zijn. Tot de personen afhankelijke redenen tellen voornamelijk:

- Ontbrekende lichamelijke of geestelijke geschiktheid,
- Vermindering van prestatievermogen
- Ziektes, die het inzetten van de werknemers aanzienlijk vermindert.

Wordt een opzegging op zulk een reden gestut, moeten deze tot een concrete vermindering van de bedrijfsbelangen voeren en ook toekomstige verminderingen of (tijdelijke) onmogelijkheid van de arbeidsprestatie afzienbaar zijn.

Bij het afwegen van de voor te nemen belangen, is er ten gunste van de werknemers er mee tekening te houden, of de redenen voor het begin van de werkverhouding bekend waren of dat ze eerst tijdens het uitoefenen van de betrekking opgetreden zijn.

Personen afhankelijke reden voor opzegging ligt ook dan voor, als een werknemer uit het buitenland een werkvergunning nodig heeft, deze niet verstrekt wordt of ingetrokken wordt. Als de werknemer uit het buitenland zich niet genoeg beijverd voor de werkvergunning, kunnen er personen afhankelijke opzeggingsredenen voorliggen.

Een belangrijk geval van toepassing van de personen afhankelijke opzegging is het ziek worden van de werknemers. Aan de toelaatbaarheid van zo een opzegging worden strenge maatstaven vastgemaakt. Er zijn drie groepen van gevallen te onderscheiden:

- Lang durende ziektes,
- Veelvuldig kort ziek zijn,
- Door ziekte veroorzaakte vermindering van de prestatie.

Voorwaarden voor een door ziekte veroorzaakte opzegging zijn:
1. Aanzienlijk veel uren verzuim door ziekte in het verleden,
2. Negatieve prognose op het tijdpunt van de opzegging,
3. Aanzienlijke niet draagbare bedrijfsbenadelingen.

De werkgever moet indien nodig een bedrijfsintegratie management voor langer zieke werknemers invoeren (Preventie volgens § 84 II SGB IX).

Bij lang aan durende ziektes is het maatgevend, dat het herstellen van de gezondheid objectief niet afzienbaar is en dat de arbeidsplaats uit bedrijfsredenen weer bezet moet worden. De werkgever moet vooreerst door toe moetbare andere maatregelen de tijd van een door ziekte veroorzaakte arbeidsuitval overbruggen.

Voorbeeld:
- In dienst nemen van een tijdelijke hulp,
- Voorovergaande om organisatie,
- Tijdelijke organisatorische veranderingen in het arbeidsverloop.
- Tijdelijk invoeren van meer werk.

Welke maatregelen er genomen moeten worden en hoe lang zulke overbruggingsmaatregelen voor de werkgever draaglijk zijn, wordt naar de omstandigheden van ieder individueel geval beslist. Ook verslavingsaandoeningen zijn ziektes, die een ontslag kunnen rechtvaardigen. Ook hier is het ontslag alleen dan toegestaan, als door het ziek zijn de bedrijfsbelangen niet draagbaar benadeeld worden.

Bij door ziekte veroorzaakte vermindering van de prestatie komt het er op aan, of een aanzienlijke daling van het prestatie niveau onder de doorsnee is en of het bedrijfsverloop door de prestatie vermindering concreet in gevaar is.

14.8.2 Gedrag afhankelijke ontslag redenen

Volgens § 1 II S. 1 KSchG is een ontslag sociaal ongerechtvaardigd, als ze niet door redenen, die in het gedrag van de werknemers ligt, veroorzaakt is. Gedrag afhankelijke ontslag redenen zijn vooral contract schendingen en liggen in de volgende gevallen voor:

- bij contract schendingen (bv. schending van het rookverbod),
- in het gedrag buiten dienst, als daardoor de arbeidsverhouding concreet wordt beïnvloed (bv. intrekking van het rijbewijs),

- in het prestatie bereik, als het tot plichtschendingen van de werknemers gekomen is (weigering van werk, arbeidsverzuim),
- bij de schending van gedragsplichten, die de bedrijfsordening betreffen (bv. vaak te laat komen),
- in het persoonlijke vertrouwensbereik, bv. door het aannemen van smeergeld.

Handelt het zich om plicht schendingen in het prestatie bereik (bv. mindere of slechte arbeidsprestatie), dan is een nadrukkelijke vermaning noodzakelijk. Alleen bij een tijdige en duidelijke vermaning, in die de prestatie tekortkomingen precies gereclameerd zijn en voor het geval van herhaling op het in gevaar brengen van de arbeidsverhouding attent gemaakt wordt, kan met een contract naar termijn opgezegd worden. Principieel is voor een ontslag een nadrukkelijke vermaning genoeg; bij lichte schendingen of lange diensttijd zijn meerdere vermaningen nodig.

Bij wangedrag in

- Vertrouwensbereik (bv. diefstal) of
- Bedrijfsbereik (bv. veroorzaken van arbeidsonderbrekingen)

Is een ontslag in een individueel geval ook zonder vermaning geoorloofd.

Daar bij rechtvaardigen alleen zulke redenen een ontslag, die het de werkgever ondraaglijk maken, de arbeidsverhouding voort te zetten. Beslissend zijn de verhoudingen van ieder individueel geval, waarbij een enge betrekking tot de contractuele plichten van de werknemers te maken is. In de regel moet het gedrag, dat tot het ontslag voert, door eigen schuld aan de kant van werknemers zijn.

14.8.3 Bedrijfseconomisch ontslag

Het economische ontslag voor bedrijfsdoeleinden is gerechtvaardigd, als ze door dringende bedrijfsdoeleinden veroorzaakt is, die een verdere tewerkstelling van de werknemer in dit bedrijf in de weg staan. Ze is het gevolg

- Omstandigheden binnen het bedrijf (bv. rationalisatie maatregelen, om organisatie) of
- Omstandigheden buiten het bedrijf (bv. tekort aan opdrachten, teruggang van de omzet).

Wegvallen van de arbeidsplaats

Het eerste vereiste voor een bedrijfseconomisch ontslag is de ondernemende beslissing, die daartoe voert, dat het voorhanden zijnde personeel aan een veranderde behoefte aangepast wordt. Zin en doel van de ondernemende beslissing proeft het arbeidsgerecht niet; een uitzondering bestaat dan, als de beslissing klaarblijkelijk onzakelijk, redeloos of willekeurig is.

De motieven zijn van belang, als het ontslag van wegen de economische situatie in het bedrijf onvermijdbaar is. In geval van een geschil moet de werkgever de binnen- en buiten het bedrijf liggende redenen voor het ontslag nawijzen.

Geen mogelijkheid voor het verder tewerkstellen

Voor een bedrijfseconomisch ontslag is te controleren, of de werknemer door verzetting, omscholing of in het kader van een wijzigingsontslag op een andere arbeidsplaats in het ondernemen verder tewerkgesteld kan worden. Ook het afbouwen van overuren of een uitzendkracht kan hierbij een rol spelen.

Sociale selectie

Een verdere voorwaarde voor een werkzaam door het bedrijf veroorzaakt ontslag - als de economische beweegredenen gegeven zijn -, is de toerijkende sociale selectie. Bij de selectie onder meerdere werknemers moet hierna die werknemer, welke het minst op het behouden van zijn arbeidsplaats aangewezen is, ontslagen worden.

Bij de sociale selectie is allereerst vast te stellen, welke medewerkers überhaupt met elkaar te vergelijken zijn. Dit richt zich in de eerste plaats naar de kenmerken van de arbeidsplaats. Men moet rekening houden met de beroeps groepen, de uit geoefende werkzaamheid en eventueel de kwaliteit kenmerken. Laat zich vast stellen dat verschillende werknemers vergelijkbaar zijn, zo is gezien de bedrijfsredenen diegene te ontslaan, die naar zijn sociale gegevens de minste bescherming nodig heeft. Bij de beoordeling van de behoefte aan bescherming zijn de volgende punten te behartigen:

- Duur van de bedrijfsaanhorigheid,
- Leeftijd,
- Bestaande onderhoudsverplichtingen(familie),
- Zwaar gehandicapt zijn van de werknemer.

De selectie van deze sociale gezichtspunten zijn niet werkzaam, als de verdere tewerkstelling van bepaalde werknemers van wegen hun kennis, bekwaamheid of prestatie in de interesse van het bedrijf ligt.

Volgens. § 1 III S. 1 KSchG moet de werkgever de werknemer op verlangen de redenen meedelen, die tot de getroffene sociale selectie gevoerd hebben.

De werknemer heeft bij een bedrijfsafhankelijk ontslag aanspraak op een schadeloosstelling (0,5 maandloon per gewerkt jaar), als hij geen ontslagbeschermingaanklacht indient en hem hierop gewezen heeft (§ 1a KSchG).

14.9 De bijzondere ontslag bescherming

De wetgever ziet bepaalde groepen personen als bijzonder beschermingsbehoeftig aan. Hij heeft hun opzeggingsbescherming uitgebreid en het ontslag van een toestemming door de overheid afhankelijk gemaakt of ze op bepaalde feiten beperkt.

Speciale regelingen bestaan o.a. bij een ontslag voor:

- De beroeps opleidingsverhouding (§ 15 BBiG)
- Zwangere en moeders na de ontbinding (§ 9 MuSchG)
- Voor werkende ouders het recht om drie jaar betaald verlof op te nemen met recht op terugkeer baan (§ 18 BEEG) (ouderschapstijd)
- Werknemers in verzorgingstijd (§ 5 PflegZG)
- Zwaar gehandicapte (§§ 85 ff. SGB IX)
- militaire- en vervangende dienstplicht (§ 2 ArbPlSchG, § 78 I ZDG)
- Leden van de ondernemingsraad, gekozen bestuur, verkiezingskandidaten (§ 15 I, III KSchG)
- Leden van de zwaar gehandicapte vertegenwoordiging (§ 96 III SGB IX)
- Immission- en milieubescherming gemachtigde (§ 58 II BImSchG)
- Mijnwerker- verzorging bewijshouder
- Afgevaardigde en gevolmachtigd verantwoordelijke instantie

De bijzondere ontslag bescherming bestaat in opzeggingsverboden en opzeggingsverzwaringen. Opzeggingsverboden bestaan bij weknemers, die hun militaire- of vervangende dienstplicht vervullen, bij zwangere en tijdens het ouderschapsverlof. In deze gevallen kan alleen een ontslag na het succesvol doorvoeren van een bijzonder geregeld en erkende consensusprocedure doorgevoerd worden (bv. bij het stil leggen van een bedrijf). De Opzeggingsverzwaringen bestaan bij zwaar gehandicapte, die bij een ontslag, de voorafgaande toestemming van het integratie ambt vereist. Leden van de bedrijf- of personeelraad genieten een omvangrijke bescherming voor het opzeggen met contract naar termijn. Het buitengewone ontslag van zulke functionarissen kan alleen met het uitdrukkelijke toestemmingscollege gebeuren, die de medewerker die te ontslaan is aanbehoort. Verkiezingskandidaten en leden van het gekozen bestuur genieten een soortgelijke bescherming. De beroeps opleidingsverhouding is na het aflopen van de proeftijd van de kant van het opleidingsbedrijf met opzegging naar termijn niet meer opzegbaar.

14.10 Ontslag beschermingsprocedure

Een aanklacht tegen een arbeidsrechtelijk ontslag moet de werknemer binnen drie weken na het toekomen van het ontslag voor het arbeidsgerecht aantekenen (§ 4 KSchG). Het zelfde tijdbestek geld bij een vaststellingsaanklacht, dat de arbeidsverhouding over een termijn, voor onbepaalde tijd voort bestaat (§ 19 TzBfG) en in het geval van insolventie (§ 113 II InsO).

De ontslag beschermingswet is ook bij wijzigingsontslagen aanwendbaar (§ 2 KSchG). Het gebod van de sociale selectie bij bedrijfsafhankelijke ontslagen geld ook voor het wijzigingsontslag.

Tijdens een ontslag strijd heeft de ontslagen werknemer een aanspraak op het verder tewerkstellen boven het aflopen van het ontslag termijn uit, tot het rechtsgeldig afsluiten van het ontslag beschermingsproces, als het ontslag naar vaststelling van het gerecht ineffectief is en beschermingswaarde interessen van de werkgevers een verdere tewerkstelling niet in de weg staan. Tot het oordeel in de eerste instantie heeft de werknemer geen aanspraak op verdere tewerkstelling, voor het geval het ontslag niet duidelijk ineffectief is.

Een verdere tewerkstellingsaanspraak tot het rechtsgeldig afsluiten van het ontslag beschermingsproces bestaat ook, als de ondernemingsraad volgens § 102 V BetrVG het ontslag geopponeerd heeft. .

15 Het massale ontslag

Een massaal ontslag is het ontslaan van het grootste gedeelte van het personeel, voor redenen van het opzeggen van het contract met termijn of het wijzigingscontract. In bedrijven met meer als 20 werknemers zijn massale ontslagen bij het bereiken van bepaalde omvang tegenover het arbeidsambt, verplicht aan te geven. Het gelden volgende quoten(§ 17 KSchG):

Tewerkgestelde werknemer	Massaal ontslag ligt voor bij
21 - 59	Meer als 5 ontslagen
60 - 499	minstens 10 % of meer als 25 ontslagen
500 en meer	Minstens 30 ontslagen

Het aantal tewerkgestelde is op het tijdpunt van het beëindigen van de arbeidsverhouding vast te stellen; daarbij is van de normale en niet van een misschien toevallig geringer aantal werkende personen uit te gaan. Een massaal ontslag ligt ook voor, als niet in een keer, maar over een termijn van 30 dagen ontslagen wordt, of als extra ontslagen vallen die in het verloop van 30 dagen tot het overschrijden van de boven genoemde getallen voeren.

Af te stellen is op ontslagen, die binnen een termijn van 30 kalenderdagen doorgevoerd moeten worden. Het is niet op die op dit tijdstip uitgesproken ontslagen, dh. de werkelijke beëindiging van de arbeidsverhouding, af te stellen. Arbeidsverhoudingen, die door buitengewone ontslagen, opheffingscontracten, aflopende tijdelijke contracten of opzeggingen van de werknemers (voor zover ze niet door de werkgever verordent zijn) eindigen, worden niet mee gerekend. De massale ontslagbescherming geld ook niet voor openbare bedrijven zonder economische doeleinden, voor de zeescheepvaart en voor seizoen- en campagne bedrijven.

Staat er een massaal ontslag aan, moet de ondernemingsraad tijdig ingelicht worden; de werkgever heeft met hem maatregelen voor het verhinderen van het ontslag evenals het vermeiden van nadelen voor de betroffen werknemers te beraadslagen (sociaalplan). Het voorgenomen massale ontslag is op zijn laatst 30 dagen voor de opzegging bij de dienst voor arbeidsbemiddeling te melden (inhoud volgens. § 17 III KSchG); een advies van de ondernemingsraad is toe te voegen

Met het oog op de participatie van de ondernemingsraad ziet § 17 KSchG het volgende voor:

Informatie	§ 17 II KSchG
⇩	
Beraadslaging	§ 17 II KSchG
⇩	
Overeenstemming	§ 17 III KSchG

De melding bij de dienst voor arbeidsbemiddeling volgens § 17 KSchG vereist de schriftelijke vorm. Ze moet o.a. gegevens bevatten over het aantal in de regel tewerkgestelde werknemers, het aantal te ontslaande werknemers, de redenen voor de ontslagen en het tijdbestek, in die de ontslagen voorgenomen moeten worden. Tevens is een kopie van de verwittiging van de ondernemingsraad en zijn stelling name bij te voegen.

Ondanks de participatie van de ondernemingsraad in het kader van het meldingsproces is de ondernemingsraad ook nog voor de voorgenomen ontslagen volgens § 102 BetrVG aan te horen.

Wordt de melding verzuimd of is ze foutief, dan zijn de ontslagen niet werkzaam, echter alleen, als zich de werknemer tegenover de werkgever op het werkzaam zijn beroept.

De melding bij de dienst voor arbeidsbemiddeling zet een spertermijn van een maand in kracht, die gedurende de ontslagen niet werkzaam worden (§ 18 KSchG). De termijn kan voor 2 maanden verlengd worden. Met de toestemming voor het massale ontslag worden de ontslagen na het aflopen van de spertermijn werkzaam. Tijdens de spertermijn kan het korter werken ingevoerd worden (§ 19 KSchG).

16 Aanspraken bij een beëindigde arbeidsverhouding

Na het beëindigen van een arbeidsverhouding bestaan er volgens het contract loyaliteitsplichten. Hier door bestaat ook na het beëindigen van de arbeidsverhouding, de plicht van de vroegere arbeidscontract partijen tot een bepaalde, de stelregels van trouw en geloof overeenkomstige, handelswijze. De wet tegen oneerlijke concurrentie beschermt de ondernemer vooral door de generaalclausule van § 1 UWG tegen concurrentie handelingen van niet meer werkzaam zijnde werknemers.

16.1 Vrijstelling voor afloop van het contract

Principieel heeft de werknemer tijdens de opzeggingstermijn een aanspraak op doorbetaling van zijn salaris en op zijn daadwerkelijke betrekking. Deze tewerkstellingsplicht bestaat principieel ook tegenover het management.

Uitzonderingen hiervoor bestaan dan, als de werkgever de werknemer niet verder te werk stellen kan (stillegging van het bedrijf; bedrijfsstoringen met het uitvallen van de productie) of als hij een gegrond interesse aan de vrijstelling van de werknemers heeft. Dit is o.a. het geval,

- Als er verdacht naar een strafbare handeling, of overige zware schendingen van het contract bestaan,
- Bij het gegronde verdacht, dat de werknemer naar de concurrentie wisselt,
- Als uit sociale redenen een binnen een bepaald termijn in plaats van een op staande voet ontslag volgt,
- Bij het storen van de bedrijfsvrede,
- Dat doorlopend arbeidsplicht schending schaden kunnen ontstaan.

De vergoedingsaanspraak van de werknemers wordt door de vrijstelling niet uit geschakeld. Bij een op het salaris betrokken en variabele vergoeding, moet de door te betalende vergoeding op de basis van een afgelopen, representatief tijdbestek gebeuren. Op de te betalende vergoeding moet zich volgens § 615 S. 2 BGB de vrijgestelde werknemer de waarde van een eventueel ergens anders verkregen bijverdienste laten aanrekenen.

Een vrijstellingsaanspraak resulteert zich ook voor de melding bij de dienst voor arbeidsbemiddeling (§ 2 II SGB III).

16.2 Vrije tijd voor het zoeken naar een baan

Volgens § 629 BGB moet de werkgever de werknemer na de opzegging van een arbeidsverhouding voor onbepaalde tijd, op zijn verlangen een aangemeten tijd, voor het zoeken naar een andere arbeidsplaats toe staan. Daarbij is het irrelevant, of de opzegging van de werkgever of van de werknemer uitgesproken worden is.

Verdere voorwaarde is, dat de vrijstelling voor het zoeken naar een baan nodig is. Kan bv. het voorstellen aan een werkvrije dag gebeuren, dan heeft de werknemer geen aanspraak op het toelaten van vrije tijd tijdens de overige werkdagen.

Het bepalen van vrije tijd gebeurt door de werkgever onder inachtneming van de interessen van de werknemers (§ 315 BGB) en de belangen van het bedrijf.

Met betrekking tot de doorbetaling van het loon geld § 616 BGB. Hierna zijn de verzuimde uren principieel als buiten zijn schuld wegblijven van het werk te beoordelen en, zover het zich om verhoudingsmatig niet aanzienlijke tijd handelt, te betalen.

16.3 Concurrentieverbod

Zolang de arbeidsverhouding bestaat is het de werknemer principieel verboden tegenover de eigen werkgever ook zonder bijzondere overeenkomst te concurreren. Na het beëindigen van zijn werkverhouding staat het de medewerker echter vrij zijn arbeidskracht te gebruiken. Hij is alleen dan aan een beperking onderworpen, als er een, na het contract concurrentie verbod, overeengekomen werd, wat principieel toegestaan is (§ 110 GewO). Wettelijk zijn de details van het concurrentieverbod in §§ 74 ff. HGB geregeld. Deze voorschriften gelden, als er een evenredige overeenkomst wordt gesloten, ook voor alle andere arbeidsverhoudingen.

Voor de werkzaamheid van een concurrentie overeenkomst is het de voorwaarde, dat de werknemer bij het afsluiten van een concurrentie overeenkomst meerderjarig is. Daarbovenuit moet de schriftelijke vorm aangehouden worden en de werknemer een evenredige, van de werkgever ondertekend geschrift, overhandigd worden. Het concurrentie verbod is alleen bindend, als zich de werkgever verplicht, voor de duur van het verbod een karenz vergoeding te betalen, die voor ieder jaar van het verbod minstens de helft van de door de werknemers het laatst verdiende naar contract verdiende loon uitmaakt, waartoe niet alleen het eigenlijke loon, maar ook alle te betalende verdere vrijwillige uitkeringen horen.

Het concurrentie verbod mag het weggaan van de werknemers niet onbillijk belemmeren en moet tegelijk een gerecht zakelijk interesse dienen. De interessen van het ondernemen aan het uitschakelen van de concurrentie, staat tegenover de interessen van de werknemers, door het concurrentie verbod, niet in zijn beroepsmatige ontwikkeling, door kosten gehinderd te worden. Een onbillijke verzwaring in het vooruitkomen van de medewerkers kan in de lokale expansie, in de tijdelijke berekening en in de zakelijke afgrenzing van het concurrentie verbod liggen.

Een concurrentie verbod kan hoogstens voor de duur van twee jaar tijd afgesloten worden. In het specifieke geval kan deze duur al onbillijk zijn en wordt dan passent verkort.

Concurrentieovereenkomsten		
Regelingsinhoud		**Rechtsgevolgen**
Er wordt geen vergoeding overeengekomen.	⇒	De overeenkomst is niet geldig.
Er wordt een te geringe vergoeding overeengekomen.	⇒	Het concurrentie verbod is voor de werknemer onverbindend. De werknemer heeft het kiesrecht, of hij tegen vergoeding de concurrentie nalaat of niet.
De werkgever heeft het voorbehoud de concurrentie toe te staan (afhankelijk concurrentie verbod).	⇒	Het concurrentie verbod is voor de werknemer onverbindend. De werknemer heeft het kiesrecht, of hij tegen vergoeding de concurrentie nalaat of niet.
Concurrentie overeenkomst voor bv. 2 jaar tegen vergoeding van een jaar loon.	⇒	Het concurrentie verbod is bindend. Bij schending door de werknemers: • Omissie aanspraak en • Schadevergoeding aanspraak van de werkgevers.

16.4 Terugbetaling van uitkeringen

T.o.v. het terug betalen van uitkeringen, die de werkgever in het kader van de werkverhouding verstrekt heeft, is o.a. te onderscheiden tussen de terug vordering van de per vergissing uitbetaalde – niet verschuldigde – arbeidsvergoeding, van een voorschotbetaling, dat door arbeidsverdiensten van de werknemers niet meer gedekt wordt, een niet verdiende provisiebetaling, evenals vrijwillige uitkeringen die de werkgever heeft verstrekt. De teruggave van vrijwillige uitkeringen stelt het belangrijkste geval van terug te betalende vorderingen daar.

Voor vrijwillige sociale uitkeringen is er alleen een terug betalingsplicht, als ze nadrukkelijk overeengekomen en onomstotelijk zijn. Mogelijk is echter ook een arbeidscontract met verwijzing naar de voorschriften van de bedrijfsorde.

Van belang is vooral het terug betalen van:

- Gratificaties;
- Vrijwillig toegestaan extra vakantiegeld;
- Opleiding- en bijscholingskosten;
- Uitkeringen wegens een lening van de werkgever;
- Verhuis- en makelaars kosten;
- Examen kosten van de overheid.

Bij het onderzoek naar de werkzaamheid van zulke terug betalingsclausules zijn strenge eisen te stellen. Dit geldt in het bijzonder voor clausules die voor het geval dat de werknemers de werkverhouding verlaten, die van de werkgever verstrekte opleidingskosten regelen. Het is te overwegen, met betrekking tot interesse van de werkgevers, aan een langer durende binding van de – op zijn kosten opgeleide – werknemers en de interessen van de werknemers aan de mogelijkheid, de arbeidsplaats vrij te wisselen.

De terug betaling van, per vergissing (bv. rekenfouten, het per vergissing aannemen van een verplichting, foute inschaling) betaalde, niet verschuldigde vergoeding, richt zich naar het verrijkingsrecht (§§ 812 ff. BGB).

16.5 Bedrijfspensioenen

De bedrijfspensioenen vinden hun rechtelijke basis in de wet voor verbetering van bedrijfspensioenen (BetrAVG). Deze regelt onder andere de instandhouding van verzorgingsbekwaamheden bij het beëindigen van arbeidsverhoudingen voor het intreden van het verzorgingsgeval.

De niet vervalbaarheid van een verzorgingsbekwaamheid is van de voorwaarde afhankelijk, dat de werknemer minstens het 30 levensjaar voltooid, en de verzorgingstoezegging voor hem minstens 5 jaar heeft bestaan (§ 1b I BetrAVG). Niet belangrijk is in deze samenhang, of de arbeidsverhouding door een ontslag op staande voet of door een opzegging van het contract naar termijn van de werkgevers of van de werknemers beëindigd werd. Iets anders geld alleen dan, als de verzorgingsbevoegde werknemer een zo grove storing van de verhouding met de werkgever en de verzorgingsverplichte inhoudt, dat het met de grondregels van trouw en geloof niet verenigbaar schijnt, de verzorgingstoezegging te handhaven.

De werkgever is verplicht, de werknemer bij het beëindigen van de arbeidsverhouding mee te delen, welke aanspraken deze op bedrijfsrente bereikt heeft en wanneer deze opeisbaar worden (§ 2 VI BetrAVG).

16.6 Arbeidspapieren

Tot de arbeidspapieren behoren in de eerste plaats de volgende documenten:

Document	Wettelijke grondbeginsels
Diploma	§ 109 GewO, § 630 BGB, § 8, 19 BBiG
Vakantie verklaring	§ 6 II BUrlG
Arbeidsverklaring	§ 312 SGB III
Loonbelastingkaart	§ 41b EstG; § 114 LStR
Loonbelastingverklaring	§ 41b EStG, § 135 LStR
Loon bewijskaart (Bauwsector)	§ 2 BRTV-Bau
Melding sociale verzekering	§ 28a I SGB IV; § 25 DEÜV
Sociale verzekeringskaart	§§ 95 ff. SGB IV
Ontvangstbevestiging	§ 368 BGB
Medische attesten	bv. § 18 BseuchG; § 32 JArbSchG

Bij het beëindigen van de werkverhouding moet de werkgever de arbeidspapieren completeren en aan de werknemer terug geven. Deze aanspraak volgt uit de wet (§ 312 SGB III, § 39b I EStG, § 41b I EStG) en voor de reden van de verzorgingsplicht na het contract (§§ 985, 242 BGB). De teruggave heeft principieel met de werkelijke beëindiging van de arbeidsverhouding (de dag van uittreden) te gebeuren. Is dit uit organisatorische redenen niet mogelijk, dan moet de werkgever tussenverklaringen verstrekken.

Een terug houdingsrecht heeft de werkgever niet. Schend de werkgever zijn plichten, is hij tegenover de werknemer, en publiekrechtelijk tegenover het gezag, tot schadevergoeding verplicht.

Een arbeidsverklaring (§ 312 SGB III) dient het federaal arbeidsbureau voor het vast zetten van het werkelozengeld; ze is een document en geen certificaat vervanging, nog een vervangend certificaat. Ze vormt ook de basis bij beslissingen van de overheidsinstantie over blokkeer deadlines,

- Voor zover de werknemer schadeloosstelling heeft gekregen,
- Als de arbeidsverhouding op staande voet, wegens de handelswijze van de werknemers wat in strijdt met het contract was, beëindigd werd (bv. bij diefstal).

Tegenover het federale bureau voor arbeid bestaat een openlijk-rechtelijke plicht van de werkgevers, zulk een certificaat te verstrekken. Schend de werkgever deze verplichting, zulk een certificaat te verstrekken, door nalatigheid of opzettelijk, zoals bv.

- Door onjuiste of incomplete gegevens,
- Door het niet uitvullen van zulk een certificaat,

Dan moet hij de het federaal bureau voor arbeid de daaruit voortgekomen schade vergoeden (§ 321 SGB III).

De werknemer heeft de mogelijkheid, de werkgever te verklagen, het certificaat te verstrekken of te overhandigen. De bevoegde instantie hiervoor is de rechtbank (§ 2 I Nr. 3e ArbGG). Wil de werknemer het uitvullen van het certificaat met bepaalde gegevens, zoals het corrigeren of aanvullen, gerechtelijk opeisen, dan zijn hiervoor de sociale gerechte aangewezen. Het handelt zich hierbij om een publiekrechtelijk geschil uit het bereik van de sociaalverzekering.

16.7 Afstand doen

In het kader van zijn uittreding kan de werknemer van bepaalde aanspraken afstand doen. Omgekeerd zijn er aanspraken, die onontbeerlijk zijn.

16.7.1 Afstand doen van aanspraken

Naast de onontbeerlijke aanspraken kan op alle andere denkbare aanspraken uit de arbeidsverhouding afstand worden gedaan. Dat zijn o.a.:

- Loon doorbetalingaanspraak na het beëindigen van de arbeidsverhouding,
- Karenz vergoedingsaanspraken,
- Aanspraken volgens de werknemer uitvindingwet,
- Verheffing en doorvoeren van een opzeggingsbescherming aanklacht.

Het afstand doen van deze aanspraak moet duidelijk tot uitdrukking komen, doordat ze bv. in het compensatie kwijtschrift precies aangeduid worden.

16.7.2 Onontbeerlijke aanspraken

Van de volgende rechten kan geen afstand worden gedaan:

Wet	Aanspraken
§ 13 BUrlG	Minimum vakantieaanspraak en
§ 8 EFZG	Aanspraak op loondoorbetaling
§ 3 I BetrAVG	Verzorgingsbekwaamheden op bedrijfspensioenen
§ 77 IV BetrVG	Rechten uit een bedrijfsovereenkomst zonder toestemming aan de ondernemingsraad
§ 4 IV TVG	Aanspraken uit tarief contracten zonder goedkeuring van de tariefcontract partijen

16.8 Getuigschrift

Iedere werknemer heeft bij het beëindigen van zijn arbeidsverhouding aanspraak op een getuigschrift (§ 109 GewO). Daarbij heeft de werknemer het kiesrecht tussen een eenvoudig of een gekwalificeerd getuigschrift. De aanspraak neemt vooreerst betrekking op het verstrekken van een eenvoudig getuigschrift; wil de werknemer een gekwalificeerd getuigschrift, dan moet hij er naar verlangen (§ 109 I GewO).

Het getuigschrift is een certificaat, dat de werknemer als bewijs voor zijn vroegere werkzaamheden of zijn beroepsmatige kennis en ervaring dient. Daarom moet het getuigschrift in een adequate vorm opgesteld zijn en een evenredig uiterlijk verschijningsbeeld hebben. Het moet klaar en duidelijk geformuleerd zijn en mag geen kenmerken en formuleringen bevatten, die het doel hebben, een andere als de uiterlijke vorm of uit de formulering duidelijke verklaring over de werknemer te treffen § 109 II GewO).

De inhoud is het resultaat van de wijze waarop het getuigschrift verstrekt is. Terwijl bij eenvoudige getuigschriften slechts bepaalde gegevens over de persoon, als zowel over de aard en duur van de tewerkstelling verlangt worden, moeten bij het gekwalificeerde getuigschrift extra gegevens over gedraging prestatievermogen of bij een opleidingsgetuigschrift gegevens over aard, duur en doel van de beroepsopleiding, evenals over de kennis en vaardigheden van de leerling worden gemaakt (§ 8 BBiG).

16.8.1 Waarheidsplicht, welwillendheid

De waarheid is de hoogste grondregel bij de verdeling van de getuigschriften. Daarom mogen alleen feiten, echter geen verdachts momenten, beweringen of vooronderstellingen, in het getuigschrift voorhanden zijn. Naast het gebod tot waarheid, moet met de inhoud van het getuigschrift, maar ook het gebod ter goedwillendheid van de beoordeling van de arbeidnemers, rekening gehouden worden; het weggaan van de werknemers mag niet onnodig worden bemoeilijkt. .

Het getuigschrift moet enerzijds de werknemer als document voor een nieuwe sollicitatie dienen; zijn belangen zijn daarmee in gevaar gebracht, als hij ondergewaardeerd wordt. Anderzijds moet het getuigschrift ter informatie voor derde dienen, die het instellen van de werknemer verlangt; zijn belangen zijn in gevaar gebracht, als de werknemer overgewaardeerd wordt. Uit het vergelijk van deze mogelijkerwijze tegenstrijdige interessen resulteert daarom als opperste stelling, dat het getuigschrift waar moet zijn.

De in acht te nemende grondregels van waarheid en welwillendheid beperken zich wederzijds. Daadwerkelijke negatieve gebeurtenissen, die de beoordeling van de werknemers belasten, staan in contrast met het gebod, het beroepsmatige verder komen van de werknemers niet onnodig zwaar te maken. Daarom worden bepaalde standaard zinnen en zegswijzen gebruikt, of afzonderlijke criteria weg gelaten (bv. eerlijkheid), die normalerwijze in een getuigschrift worden verwacht.

Getuigschrift formuleringen:

"hij heeft de hem opgedragen werkstukken steeds tot onze volste tevredenheid uitgevoerd"	= zeer goed
"hij heeft de hem opgedragen werkstukken steeds tot onze volle tevredenheid uitgevoerd"	= goed
"hij heeft de hem opgedragen werkstukken tot onze volle tevredenheid uitgevoerd"	= bevredigend
"hij heeft de hem opgedragen werkstukken tot onze tevredenheid uitgevoerd"	= voldoende
"hij heeft de hem opgedragen werkstukken over het algemeen tot onze tevredenheid uitgevoerd"	= onvoldoende
"hij heeft zich moeite gegeven, de hem opgedragen werkstukken naar onze tevredenheid uit te voeren"	= geheel onvoldoende

16.8.2 Tijdpunt van verstrekking /terhandstelling

Het tijdpunt van het verstrekken van een getuigschrift ontstaat bij het beeindigen van arbeid- dienst- of beroepsopleidingverhoudingen (§ 630 BGB, § 109 GewO, § 8 BBiG). Verlangt een werknemer tijdens een niet opgezegde arbeidsverhouding een getuigschrift en heeft hij een gerecht interesse (bv. wisseling van superieuren), zo moet de werkgever onmiddellijk een zo genoemd tussen getuigschrift verstrekken.

Bevat het getuigschrift foutieve beschrijvingen of onjuiste beweringen, kan de werknemer het verstrekken van een nieuw getuigschrift verlangen. Een eenvoudige correctie is niet genoeg. Indien nodig kan een getuigschrift in een arbeidsgerechtelijk proces gecontroleerd worden. De arbeidsgerechten zijn bevoegd, het getuigschrift eventueel opnieuw te formuleren.

16.8.3 Aansprakelijkheid van de werkgevers

Schend een werkgever opzettelijk volgens § 276 BGB zijn getuigschrift plicht, dan verschuldigd hij de werknemer vervanging, van de daardoor ontstane schade. Dit geld zowel voor getuigschriften, die te laat of helemaal niet verstrekt worden, als ook voor getuigschriften met gegevens van foutieve »feiten« of onhoudbare beweringen. Door een foutief getuigschrift kan ook bij een nieuwe werkgever een schade ontstaan, als hij op de juistheid en de volledigheid van het getuigschrift vertrouwd en de werknemer aan neemt.

De verstrekker van het getuigschrift is aansprakelijk, als hij op een manier, die in strijd is met de goede zeden, de derde (nieuwe werkgever) opzettelijk schaden toegevoegd heeft (§ 826 BGB).

Als schaden van de werknemers komt het bedrag aanmerking, die het werknemer loon, omdat hij bv. vanwege een ontbrekend of te laat verstrekt getuigschrift niet wordt aangenomen, of alleen voor een minder loon wordt aangenomen. De omvang van de schaden, die de volgende werkgever te compenseren heeft, richt zich naar de §§ 249 ff. BGB. Daarna heeft de werkgever, die het getuigschrift verstrekt heeft, de toestand te herstellen, die zou bestaan, als de vervangend verplichtende omstandigheid niet opgetreden zou zijn.

Inhoud		
Arbeidsverklaring	getuigschrift	
	eenvoudig	gekwalificeerd
Gegevens over de persoon. Aard, omvang en duur van de werkzaamheid, loon, betaling van vergoedingen, opzeggingsreden.	Gegevens over de persoon, aard en duur van de werkzaamheid.	Zo wie bij een eenvoudig getuigschrift; bijkomend gegevens over gedrag en prestatie.

16.9 Informatie van de werkgevers

De mogelijke nieuwe werkgever is principieel bevoegd, bij vroegere werkgevers informatie over een sollicitant in te winnen. Zulk een informatie recht bestaat dan niet, als de sollicitant het de toekomstige werkgever verboden heeft, zich met zijn vroegere, of bij zijn huidige werkgever te informeren.

De vroegere werkgever is onder het gezichtspunt van trouw- en zorgplicht verplicht, informatie over gedrag en prestatie van de werknemers te verstrekken. Het geld in principe het zelfde, als ten opzichte van het getuigschrift, een informatie laat zich echter vrijer vormen als een getuigschrift. Door een informatie mag niet de indruk gewekt worden, dat prestatie en gedrag van de werknemers anders te beoordelen is, als in het getuigschrift wordt vermeld.

Verstrekt de werkgever een informatie niet, niet vroeg genoeg, of met foutieve inhoud, dan is hij aansprakelijk voor de schade die daardoor bij de werknemer is ontstaan.

17 Het bedrijf grondwetrecht

Het bedrijf grondwetrecht (BetrVG) is een deel van het collectief arbeidsrecht. Af te grenzen is het bedrijf grondwetrecht van het begrip van over bedrijfs medezeggenschap, die een participatie op bedrijfsniveau bepaalt.

Grondgedachte van het BetrVG is de constructieve coöperatie tussen werkgever en personeel vertegenwoordiging voor het vervolgen van een gemeenschappelijk doel, namelijk

Het welzijn van het bedrijf en het personeel.

De wettelijke basis voor het bereiken van deze doelvoorstelling bevindt zich in de § 2 I BetrVG neergeschreven grondbeginsel.

Dat de bedrijfsgenoten vol vertrouwen samen moeten werken.

17.1 De ondernemingsraad

De ondernemingsraad is die van BetrVG geschapen wettelijke vertegenwoordiging van het werknemerschap van het bedrijf. Hij moet de interessen van de werknemers vertegenwoordigen, maar ook de interessen van het bedrijf respecteren. Hij is op het niveau van het bedrijf werkzaam. Bestaan in een ondernemen meerdere bedrijven, wordt op ondernemers niveau een gezamenlijke ondernemingsraad gevormd, in die de ondernemingsraad, leden afvaardigt. Voor een concern kan door een gezamenlijke ondernemingsraad een concernondernemingsraad worden gevormd.

Werkgever en ondernemingsraad hebben de plicht vertrouwenvol samen te werken (§ 2 I BetrVG). Ze moeten minstens een maal in de maand een bespreking houden en hun verhandelingen met ernst en willen tot een schikking voeren en suggesties voor het uit de weg ruimen van meningsverschillen geven (§ 74 BetrVG).

Ondernemingsraden worden in de bedrijven ontwikkeld, die in de regel minstens vijf vaste kiesgerechtigde werknemers hebben, waarvan drie kiesbaar zijn (§ 1 BetrVG). De looptijd van het mandaat van de ondernemingsraad bedraagt vier jaar (§ 21 BetrVG).

De regelmatige ondernemingsraad verkiezingen vinden alle 4 jaren in de tijd van 1.Maart tot 31.Maart plaats (§ 13 BetrVG). Buiten deze tijd is de ondernemingsraad alleen bij uitzondering te kiezen, o.a. dan, als met het aflopen van de 24 maanden vanaf de dag van de verkiezing gerekend, het aantal van de regelmatig tewerkgestelde werknemers om de helft, maar minstens om 50, gestegen of gezonken is (§ 13 II BetrVG).

17.1.1 Kiesrecht

De ondernemingsraad wordt door de werknemers gekozen. Kies gerechtigd zijn alle werknemers, die het 18. Levensjaar hebben voltooid (§ 7 BetrVG). De duur van de bedrijfsaanhorigheid speelt voor het kiesrecht geen rol. Kies gerechtigd zijn ook leerlingen, aanleer leerlingen, volontaire en stagiairs evenals thuiswerkers, die hoofdzakelijk voor het bedrijf werken. Ook deeltijdtewerkgestelde werknemers zijn kies gerechtigd, net zoals militaire dienst of voor een herhalingsoefening gerekruteerde, van wie de arbeidsverhouding voor de duur van de militaire dienst rust. Evenzo zijn uitzendwerknemers, die langer als drie manden in het bedrijf tewerkgesteld zijn, kiesgerechtigd.

Verkiesbaar zijn alle kiesgerechtigde in boven genoemde zin, die 6 maanden het bedrijf aanbehoren of als thuiswerk tewerkgestelde in de hoofdzaak voor het bedrijf hebben gewerkt (§ 8 I BetrVG). Bij nieuw oprichtingen of bij bedrijven, die korter als 6 maanden bestaan, zijn die werknemer verkiesbaar, die bij de introductie van de ondernemingsraad verkiezing in het bedrijf tewerkgesteld zijn en aan de overige voorwaarden van het gekozen worden voldoen (§ 8 II BetrVG).

17.1.2 Kiesprocedure

De ondernemingsraad wordt in het geheim en in een directe verkiezing gekozen (§ 14 BetrVG). Voor de verkiezing zelf gelden de grondregels van de evenredige verkiezing. Wordt er maar een verkiezing voorstel ingediend, wordt er naar de stelregels van de meerderheidsverkiezing gekozen. De in het bedrijf vertegenwoordigde vakbonden en de kies gerechtigde werknemers kunnen verkiezingsvoorstellen doen (§ 14 BetrVG).

Het doorvoeren van een verkiezing is uitdrukkelijk in § 20 BetrVG beschermd. Niemand mag de verkiezing van de ondernemingsraad hinderen, in het bijzonder mag nog het actieve, nog het passieve verkiezingsrecht beperkt worden. De kosten van de verkiezing draagt de werkgever (§ 20 III BetrVG).

Leden van het verkiezingsbestuur en verkiezingsgegadigden voor de bedrijfsverkiezing, zijn onderhevig aan een bijzondere opzeggingsbescherming (§ 15 III KSchG).

17.1.3 Samenstelling van de ondernemingsraad

Het aantal ondernemingsraadleden is in § 9 BetrVG geregeld en richt zich naar het aantal van de in het bedrijf tewerkgestelde werknemers. Volgens § 15 BetrVG moet zich de ondernemingsraad uit de individuele organisatie bereiken/soorten werkzaamheid samenstellen. De geslachten moeten evenredig qua verhouding en aantal vertegenwoordigd zijn.

17.1.4 Rechtspositie van de ondernemingsraadleden

De ondernemingsraadleden oefenen een vrij, en kosten loos ereambt uit (§ 37 BetrVG). Daarom mogen zij van wegen hun mandaat niet worden benadeeld of bevoorrecht (§ 78 BetrVG). Is het nodig om gedurende de individuele arbeidstijd de noodzakelijke ondernemingsraad arbeid te verrichten, zo is het ondernemingsraadlid hiervoor vrij te stellen (§ 37 II BetrVG).

Ondernemingsraadleden genieten een bijzondere opzeggingsbescherming, die het opzeggen van het contract met termijn voor werkgevers principieel niet toelaat. Het ontslag op staande voet vereist de uitdrukkelijke toestemming van de ondernemingsraad. Wordt de toestemming ontzegd, kan ze alleen van het arbeidsgerecht vervangen worden (§ 103 BetrVG; § 15 I KSchG).

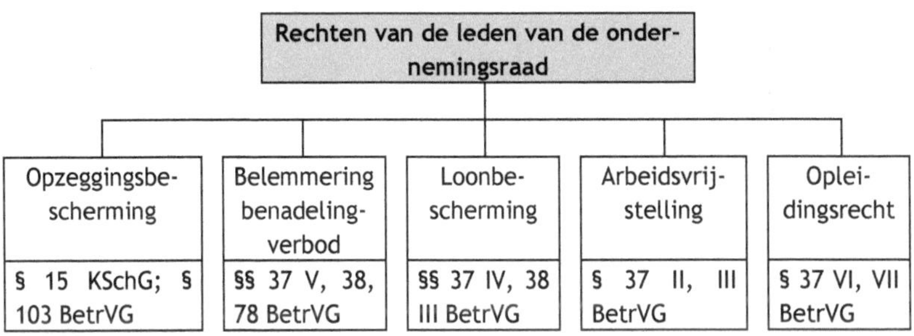

De ondernemingsraadleden zijn van hun beroepsactiviteiten zonder mindering van hun loon voor scholing- en opleiding evenementen vrij te stellen (§ 37 BetrVG):

1. Voor zover er overdracht van kennis is, die voor het werk van de ondernemingsraad noodzakelijk is. Nodig is de overdracht van kennis voor de ondernemingsraadarbeid dan, als deze kennis onder inachtneming van concrete situaties in het bedrijf en in de ondernemingsraad nodig zijn, daarmee de ondernemingsraadleden hun opgaven kunnen waarnemen (§ 37 VI BetrVG).

2. Ieder ondernemingsraadlid heeft buiten de voorgenoemde aanspraak, een extra aanspraak op betaalde vrijstelling, van in het geheel 3 weken, voor deelname aan scholing- en opleiding evenementen, die van de bevoegde deelstaat arbeidsminister als geschikt erkend zijn. De kennis, die deze evenementen overdragen, moeten in samenhang met het ondernemingsraadwerk staan en hiervoor dienstbaar en bevorderend zijn. Voor werknemers, die voor het eerst ondernemingsraadleden zijn, verhoogd zich de vrijstellingsaanspraak op 4 weken (§ 37 VII BetrVG).

17.2 Bedrijfsvergadering

De bedrijfsvergadering is een orgaan van de bedrijfsconstitutie, maar heeft geen vertegenwoordigingsmacht en kan daarom geen wilsverklaringen met uitwerking voor de werknemer afgeven. Ze dient ter discussie en informatie voor de werknemer. Principieel bestaat de bedrijfsvergadering uit alle werknemers van het bedrijf. Bij wijze van uitzondering kan een gedeeltelijke vergadering dan plaatsvinden, als wegens de aard van het bedrijf een vergadering van alle werknemers op de zelfde tijd niet kan plaatsvinden (§ 42 I S. 3 BetrVG).

Er wordt verschil gemaakt tussen de gewone en de buitengewone bedrijfsvergadering. Gewone bedrijfsvergaderingen zijn op regelmatige, gezette tijden van de ondernemingsraad bijeen te roepende ondernemingsvergaderingen. Buitengewone zijn die, die voor een bepaalde reden of op verlangen van een kwart van de kiesgerechtigde werknemers of de werkgever plaatsvinden (§ 43 III BetrVG).

Bedrijfsvergaderingen vinden principieel tijdens de arbeidstijd in het bedrijf plaats, waarbij de werkgever de daarvoor benodigde ruimte ter beschikking moet stellen. Hierbij is de arbeidstijd de werktijd in het bedrijf. Het bijeenroepen van een vergadering buiten dc gebruikelijke arbeidstijd is alleen dan toegestaan, als wegens de aard van het bedrijf dwingend nodig is.

17.3 Het economisch comité

§ 106 I BetrVG bepaald dat, in alle bedrijven met in de regel meer als 100 permanent tewerkgestelde werknemers een economisch comité moet worden gevormd. Het economisch comité bestaat uit minstens drie, en hoogstens zeven leden (§ 107 I BetrVG). Ze moeten het bedrijf toebehoren. Een lid van het economisch comité moet ook lid van de ondernemingsraad zijn. De leden van het economisch comité worden door de ondernemingsraad bepaald (§ 107 II BetrVG). Hun ambtsperiode is aan de ambtsperiode van de ondernemingsraad gebonden.

Het economisch comité moet een keer in de maand bijeenkomen. Hij heeft de taak, met het bedrijf economische aangelegenheden te overleggen en de ondernemingsraad over deze dingen te informeren. In BetrVG zijn enkele belangrijke opgaven van het economisch comité genoemd (§ 106 III BetrVG), die echter niet het eindoordeel zijn. Dat betekent, Dat er door het economisch comité nog meer economische aangelegenheden voor advies en informatie kunnen ontstaan, die in de wet niet zijn genoemd.

17.4 Jeugd- en leerling vertegenwoordiging

Een additionele bedrijfsconstitutie rechtelijke vertegenwoordiging is de jeugd- en leerlingen vertegenwoordiging (§ 72 ff. BetrVG). Daarmee worden de jeugdige werknemers en de voor hun beroeps opleiding tewerkgestelde, die al ouder als 18 jaar zijn, een gemeenschappelijke vertegenwoordiger gegarandeerd, die zich voor hun speciale belangen inzet.

17.5 Individueel recht in de bedrijfsconstitutie

Het BetrVG is in de bedrijven voor het overgrote deel niet van toepassing, waar geen ondernemingsraad bestaat. De meewerking- en bezwaarden rechten (§§ 81 ff. BetrVG) staan echter iedere individuele werknemer toe. Ze zijn er niet van afhankelijk, of er een ondernemingsraad bestaat en gelden ook voor de kleinste bedrijven.

Participatie rechten van de individuele werknemer	
Informatierecht:	De werkgever heeft de plicht, iedere werknemer ten opzichte van zijn rangschikking in het bedrijf, zijn opgaven en zijn verantwoordelijkheid als ook over de aard van zijn werkzaamheid, de arbeidsbescherming en over veranderingen op het gebied van de arbeid te informeren(§ 81 BetrVG).
Wederhoor recht:	Iedere individuele werknemer heeft de mogelijkheid in de voor hem persoonlijke, of zijn arbeidsplaats betreffende vragen aangehoord te worden, zijn standpunt te bepalen en het initiatief nemen. Zo kan een werknemer bv. suggesties over de vormgeving van zijn arbeidsplaats en het arbeidsverloop maken (§ 82 I BetrVG).

Besprekingsrecht:	iedere werknemer kan verlangen, dat hij in het recht en de samenstelling van zijn arbeidsloon wordt toegelicht, en met hem de beoordeling van zijn prestaties, en de mogelijkheden van zijn beroepsmatige ontwikkeling, worden doorgesproken (§ 82 II BetrVG).
Inzagerecht:	Iedere werknemer kan inzage in de over hem gevoerde akten (personeelakten) verlangen (§ 83 BetrVG).
Beklagrecht:	Over de hem betreffende aangelegenheden kan de werknemer zich bij zijn meerdere beklagen. De werkgever moet over de behandeling van het beklag informatie verstrekken en, zover deze gerechtigd is, een oplossing zoeken (§ 84 BetrVG).
Voorstelrecht:	Iedere werknemer heeft het recht, de ondernemingsraad, thema's ter overleg voor te slaan (§ 86a BetrVG).

Op kaderleden is de bedrijfsgrondwet, hoewel ze werknemers zijn, principieel niet van toepassing. Volgens § 5 III BetrVG zijn »kaderleden«, mits naar positie en dienstcontract

- General volmacht of procuratie verleend werd,
- Bevoegdheid tot zelfstandig tewerkstellen of ontslaan hebben,
- Opgaven met bijzondere betekenis voor het ondernemen waar te nemen,
- Bijzonder veel ervaring en kennis hebben,
- Aanzienlijke speelruimte in eigen beslissingen bestaat.

17.6 Meebestemming en meewerking van de ondernemingsraad

Het kerngebied van de bedrijfsgrondwet regelt het mee bestemmen en meewerken van de ondernemingsraad. De omvang van de participatierechten zijn hierbij zeer verschillend. Het meewerken is een zwakker participatierecht als de meebestemming en strekt zich uit over het alleen informeren en het aanhoren tot over het gemeenschappelijke overleg. Essentieel is, dat de werkgever hierbij vrij blijft, te beslissen.

Intensiteit van de meebestemming

Initiatiefrecht
Positief vetorecht
Negatief vetorecht
Verweerrecht
Onderhandelingsrecht
Adviesrecht
Hoor en wederhoor recht
Deelnamerecht
Voorstel recht
Controlerecht
Inzage recht in documenten
Informatierecht

zwak ← Sterkte van het beïnvloeden → sterk

Bij de meebestemming zijn werkgever en ondernemingsraad gelijk gerechtigd. Dat betekent enerzijds, dat de werkgever geen verplichte, mee te bestemmende maatregelen, zonder toestemming van de ondernemingsraad of hun bindende vervanger op wens van de arbitragecommissie kan treffen. Anderzijds houdt het in, dat de ondernemingsraad evenredige maatregelen wensen kan, en indien nodig tegen de wil van de werkgever op wens van de arbitragecommissie doorzetten kan (§ 87 II BetrVG).

Algemene opgaven van de ondernemingsraad

De algemene opgaven van de ondernemingsraad zijn volgens § 80 BetrVG normeert. Hierbij handelt het zich om:

1. Toezicht op het naleven van de rechtsnormen en de arbeidsrechtelijke stelregels, die ten gunste van de werknemers gelden;
2. Vordering van maatregels, die het bedrijf en het personeel dienen;
3. Afdwingen van de gelijke rechten van man en vrouw;
4. Aannemen van suggesties van werknemers en jeugd vertegenwoordiging;
5. Samenwerking met de jeugd- en leerlingen vertegenwoordigers;
6. Bevordering van het tewerkstellen van oudere medewerkers;
7. Integratie buitenlandse werknemers;
8. Stimulering en zeker stellen van de werkgelegenheid in het bedrijf;
9. Bevordering van maatregels voor de arbeidsbescherming en de milieubescherming in het bedrijf.

17.6.1 Sociale aangelegenheden

Het mee bestemmen in sociale aangelegenheden, die aan de algemene voorrang van de collectieve arbeidsovereenkomst onderworpen is, is in § 87 BetrVG afsluitend geregeld.

Onder sociale aangelegenheden verstaat de wet alle met de vormgeving van de arbeidsomstandigheden samenhangende vragen. Verder telt het dienaangaande de arbeidsbescherming (bijzondere ongevallen- en gezondheidsbescherming) en de vormgeving van sociale inrichtingen.

De sociale meebestemming (§ 87 BetrVG):

1. De ordening in het bedrijf het gedrag van de werknemer in het bedrijf;
2. Begin en einde van de dagelijkse arbeidstijd inclusief de pauzen evenals de verdeling van de arbeidstijd op de individuele werkdagen;
3. Voorovergaande verkorting of verlenging van de gebruikelijke arbeidstijd in het bedrijf;
4. Tijd, plaats en manier van het uitbetalen van arbeidsloon;
5. Opstellen van algemene vakantie regelingen, het vakantieplan evenals het vastzetten van de dagspiegel van de vakantie voor iedere individuele werknemer, als tussen de werkgever en de werknemers geen akkoord wordt behaald;
6. Introductie en toepassing van technische installaties, die daarvoor zijn bestemt, toezicht te houden op het gedrag en het prestatievermogen van de werknemers
7. Regelingen over het verhoeden van arbeidsongevallen en beroepsziektes zoals over de gezondheidsbescherming in het kader van de wettelijke voorschriften of van de ongevallen voorkoming voorschriften;
8. Vorm, vormgeving en bestuur van de sociale inrichtingen, waarvan het werkbereik, op het bedrijf, de onderneming of het concern beperkt is;
9. Toewijzen of opzeggen van woonruimte, die de werknemers met het oog op dat er een arbeidsverhouding bestaat kunnen huren, als ook het algemeen vastleggen van de gebruikmakingvoorwaarden;
10. Vragen over de loonvormgeving in het bedrijf, in het bijzonder de opstelling over loonstelregels en het invoeren en aanwenden van nieuwe betalingsmethoden zoals hun wijziging;
11. Vastzetten van akkoord- en premietarieven en vergelijkbare prestatiegerichte lonen, inclusief de geldfactoren;
12. Stelregels over het mee bestemmen van de ondernemingsraad;
13. Stelregels over het verrichten van arbeid in groepsverband.

Uit de overvloed van meebestemming rechten in het sociale bereik laten zich exemplarisch de volgende bedrijfsregelingen noemen:

- Invoeren van de glijdende werktijd
- Toepassing van moeilijkheidstoelagen
- Regeling over telefoon controle
- Bedrijfsvakantie
- Overgaan van tijd- naar akkoord loon
- Vorm van ouderdomsvoorziening
- Gebruikmaking van prikklokken
- Verpachting van de kantine
- Rookverbod
- Tijdpunt van de provisiebetalingen
- Parkeerplaatsorde
- Vormgeving van de mee bestemming van de ondernemingsraad
- Bedrijfskleuterschool regeling
- Girale loonbetaling
- Het dragen van kosten voor kleding ter bescherming van het lichaam

17.6.2 Vormgeving van arbeidsplaats en arbeidsverloop

De werkgever is verplicht, de ondernemingsraad over planning van nieuw, om- of uitbreidingsbouw, fabricatie, administratie- en andere bedrijfsruimten, van technische installaties, van arbeidsmethoden en arbeidsaflopen in kennis te stellen (§ 90 BetrVG). Onder de nieuw in te richten bouwwerken zijn projecten te verstaan, die naar gelang hun omvang geschikt zijn, om concrete uitwerking op de arbeidsafloop en de arbeidsomgeving te hebben.

Bij deze maatregelen moet de voorlichting en het advies van de ondernemingsraad door de werkgever tijdig genoeg worden uitgevoerd, zodat met contra voorslagen van de ondernemingsraad, indien nodig, nog rekening kan worden gehouden. In het bijzonder moet de ondernemingsraad de mogelijkheid hebben, in de desbetreffende ondernemingen van de werkgevers, zijn zienswijze over zijn zeker gestelde inzichten in de arbeidsgeneeskunde of de arbeidsfysiologie, er bij in te kunnen vlechten.

De ondernemingsraad wordt een afdwingbaar vorm gevend mee bestemmingsrecht over de arbitragecommissie toegekend, als de ondernemingen van de werkgevers in strijdt is, met de zeker gestelde inzichten van de arbeidswetenschap (§ 91 BetrVG).

17.6.3 Personeel aangelegenheden

Personeel planning

De ondernemingsraad heeft een verwittigingrecht van de kant van de werkgevers over de planning van het personeel, in het bijzonder over de planning van nieuw personeel (§ 92 I BetrVG). De verwittiging moet bijtijds en snel volgen. Daar bovenuit is de werkgever verplicht, met de ondernemingsraad de personeel planning, dwz. over de aard en de omvang van de ter realisering van de personeel planning nodige maatregelen te overleggen. In het bijzonder is hier het vermijden van hardvochtigheid te bespreken.

De introductie als ook de specifieke modaliteiten van de personeel planning vallen uitsluitend in het mandaat van de werkgevers. De ondernemingsraad heeft echter een suggestierecht voor het invoeren van een dergelijke planning, in zover deze van de werkgever in het bedrijf nog niet geïnstitutionaliseerd is (§ 92 II BetrVG).

Interne vacature bekendmaking

De ondernemingsraad heeft het recht, het bekend maken van interne vacaturen te vorderen, voor zover zulke plekken vrij zijn of vrij worden en het opnieuw bezetten de bedoeling is (§ 93 BetrVG). Door deze bekendmaking van de werkgevers wordt deze er echter niet aan gehinderd, de te bezetten plekken tegelijkertijd buiten het bedrijf aan te bieden. Een verplichting voor het bezetten van de desbetreffende baan door interne gegadigden bestaat niet.

Wordt er niet aan de eisen van de aanvraag van de ondernemingsraad voldaan, dan kan de ondernemingsraad de toestemming voor de desbetreffende personeel planning weigeren (§ 99 II Nr. 5 BetrVG).

Personeel vragenlijsten beoordelingsstelregels

Het ligt binnen het bereik van de werkgever zelf te beslissen, of hij een vragenlijst voor personeel of beoordelingsstelregels introduceert, waartoe ook een verandering qua inhoud van een al bestaande vragenlijst of een beoordelingsstelregel te tellen is. Als zulk een introductie of verandering gepland is, dan zijn deze verrichtingen onderhevig aan het mee bestemmingsrecht van de ondernemingsraad (§ 94 I BetrVG). Komt een schikking over de desbetreffende inhoud niet tot stand, dan beslist de arbitragecommissie, wier uitspraak de schikking tussen de werkgever en de ondernemingsraad vervangt.

Selectie richtlijnen

Volgens § 95 BetrVG heeft de ondernemingsraad een mee bestemmingsrecht bij het opstellen van richtlijnen bij het kiezen van personeel bij indienstnemingen, om groeperingen, overplaatsingen en ontslagen. In bedrijven met meer als 500 werknemers heeft de ondernemingsraad een initiatiefrecht voor het opstellen van deze richtlijnen (§ 95 II BetrVG). De selectierichtlijn mag principieel alleen algemene kritiek bevatten, doch echter geen specifieke gedetailleerde regelingen opstellen.

Volgens § 99 II Ziff. 2 BetrVG kan de ondernemingsraad de toestemming voor individuele personele maatregelen, die volgens de mening van de ondernemingsraad in strijdt is met zulk een richtlijn, weigeren (Vetorecht).

17.7 Beroepsopleiding

Mee werken moet de ondernemingsraad ook bij de bedrijfsopleiding. Hieronder vallen de voorlichting over beleidsmaatregelen, vooral bij oudere werknemers, en over het oprichten en inrichten van bedrijfsopleiding inrichtingen. (§§ 96, 97 BetrVG). Ook het doorvoeren van onderwijs activiteiten in het bedrijf is onderworpen aan het mee bestemmingsrecht van de ondernemingsraad. Hij kan het bestellen van bepaalde personen, bv. wegens mangel aan geschiktheid op het persoonlijke vlak, of op vakgebied, weerspreken of hun verandering verlangen. Hier beslist in het geschil het arbeidsgerecht. De meningsverschillen over de kring van deelnemers bij onderwijsactiviteiten in het bedrijf worden door de arbitragecommissie geregeld (§ 98 BetrVG). Het zelfde geld voor de maatregelen, die daartoe voeren, dat zich de werkzaamheid van de betroffen werknemers verandert en hun beroepskennis en bekwaamheden voor het nakomen van hun opgaven niet meer volstaat (§ 97 II BetrVG).

17.8 Individuele maatregelen voor personeel

Onder individuele maatregelen voor personeel worden volgens de bedrijfswet indienstnemingen, inschalingen en overplaatsingen verstaan (§ 99 BetrVG). Het mee bestemmingsrecht van de ondernemingsraad bij zulke maatregelen bestaat in de regel bij bedrijven met meer als 20 kiesgerechtigde werknemers. De werkgever moet boven de algemene verwittigingplicht uit bij zulke maatregelen bij de ondernemingsraad de nodige documenten in dienen. Deze documenten moeten zo omvangrijk en uitvoerig zijn, dat zich de ondernemingsraad een zelfstandig oordeel kan vormen.

De ondernemingsraad kan binnen een week na het toekomen van de documenten, de toestemming onder schriftelijke vermelding van de redenen, de van de werkgever geplande maatregel, weigeren door te voeren. De weigering moet feiten bevatten, door die de werkgever in de positie komt, de kansen van een arbeidsrechtelijk proces volgens § 99 IV BetrVG in te kunnen schatten.

De werkgever kan de van hem voorgenomen maatregel echter voorlopig ten uitvoer brengen, als dit uit zakelijke redenen dringend nodig is (§ 100 BetrVG). In deze gevallen moet de werkgever de ondernemingsraad zo snel als mogelijk hiervan in kennis stellen (§ 100 II BetrVG). Over de tijdelijke aard van deze maatregel moet de werknemer ingelicht worden; anders wordt de werkgever later, aan aanspraken van schadevergoedingen blootgesteld. Wordt door de ondernemingsraad de urgentie van de desbetreffende maatregelen voor het personeel gecontesteerd, dan moet de werkgever binnen 3 dagen na het op de hoogte zijn van de opvatting van de ondernemingsraad, bij het arbeidsgerecht de aanvraag indienen, de toestemming van de ondernemingsraad te vervangen (§ 100 II BetrVG).

17.9 Opzeggingen

Ook voor iedere opzegging van een contract met termijn, of een ontslag op staande voet, is de ondernemingsraad te wederhoren (§ 102 I BetrVG). In de wet staat het uitdrukkelijke voorschrift, dat een opzegging zonder hoorzitting van de ondernemingsraad ineffectief is, als de ondernemingsraad uit een van de in § 102 III BetrVG opgenoemde redenen weerspreekt, dh. of

- De werkgever bij de keuze van de werknemers die te ontslaan zijn niet genoeg rekening gehouden heeft met sociale gezichtspunten;
- Het ontslag in strijd is met een richtlijn volgens § 95 BetrVG ;
- De werknemer die te ontslaan is, aan een andere arbeidsplaats in het zelfde bedrijf verder tewerkgesteld hat kunnen worden;
- De verdere tewerkstelling van de werknemers na draaglijke omscholing- en bijscholing maatregelen of een verdere tewerkstelling, van de werknemers onder veranderde contractuele voorwaarden na de intentieverklaring nog mogelijk was geweest.

Weerspreekt de ondernemingsraad, dan is de werkgever verplicht, de werknemer met het ontslag een afschrift van de stellingname van de ondernemingsraad, toe te laten komen (§ 102 IV BetrVG). Daar bovenuit kan de werknemer, voor zover hij een ontslag beschermingsaanklacht indient, van de werkgever verlangen, tot het rechtsgeldig afsluiten van het arbeidsgerecht proces, verder tewerkgesteld te worden (§ 102 V BetrVG).

Het arbeidsgerecht kan echter op weg naar een kort geding in opdracht van de werkgevers een ontheffing van de verdere tewerkstellingsplicht uitspreken, als

- De aanklacht van de werknemers geen voldoende uitzicht op succes biedt of moetwillig te zijn schijnt;
- De verdere tewerkstelling van de werknemers tot een niet draaglijke economische belasting voor de werkgevers zou voeren;
- De tegenspraak van de ondernemingsraad blijkbaar niet gegrond is.

17.10 Economische aangelegenheden

De meebestemming of inspraak in economische aangelegenheden is zowel door het economisch comité als ook door de ondernemingsraad gegeven.

Met een economisch comité is door het BetrVG in de onderneming met in de regel meer dan 100 vaste werknemers een voorziening beschikbaar, om een samenwerking vol vertrouwen te bevorderen en een wederzijdse verwittiging in economische aangelegenheden zeker te stellen. In de bedrijfswet wordt deze algemene taakstelling in §§ 106ff. BetrVG geconcretiseerd. Hierbij horen bv. het invoeren van nieuwe arbeidsmethoden, het productieprogramma en de economische situatie van het ondernemen, de verwittiging en het advies over de financiële toestand van het ondernemen, het investering programma en het rationalisatieplan.

Wat in het economisch comité wordt verhandeld, betreft voor een deel de huidige toestand van het ondernemen, maar ook voor een deel de plannen voor zijn toekomstige ontwikkeling, zoals bv. het productie programma. Voor gezamenlijke besluiten, die weldra moeten worden gerealiseerd, is het economisch comité niet verantwoordelijk. Treden plannen van de leiding van het ondernemen in een acuut stadium, dan is het niet het economisch comité, met wie de ondernemer het eens moet worden, maar de ondernemingsraad.

De ondernemingsraad is in een ondernemen met in de regel meer als 20 kiesgerechtigde werknemers, te betrekken bij economische aangelegenheden, als een ondernemende maatregel een beperking, stillegging, verplaatsing of een samengaan van bedrijven (=bedrijfsverandering) het gevolg is, en wezenlijke nadelen voor het personeel, of aanzienlijke delen van het personeel, het gevolg kunnen zijn (§§ 111–113 BetrVG). Als wezenlijke nadelen gelden - naast het verliezen van de arbeidsplaats- aanzienlijke moeilijkheden, zoals het verhuizen naar een andere woonplaats van wegen verplaatsing van het bedrijf, het langer nodig hebben van en naar de arbeidsplaats en de noodwendigheid van het voeren van een dubbel huishouden voor een aanzienlijke tijd.

§ 112 BetrVG onderscheidt men tussen

- De vereffening van de belangen over de geplande veranderingen in het bedrijf en
- Het sociale plan over de vereffening of de vermindering van de economische nadelen voor de werknemer ten gevolge van de geplande verandering in het bedrijf.

Vereffening van de belangen

De vereffening van de belangen strekt zich daar op uit, of de geplande veranderingen in de geplande aard en wijze doorgevoerd moeten worden. In deze van het ondernemen economische beslissing betreffende bereik wordt de ondernemingsraad de mogelijkheid ingeruimd, invloed op de geplande beslissing van het ondernemen te nemen. Daarbij kan de ondernemingsraad op het draagvlak van hem over § 111 BetrVG te beurt gevallene verwittiging en informatie, ook tot de rein economische gezichtspunten een positie betrekke, en zowel de noodzakelijkheid van de veranderingen in het bedrijf als een geheel, als ook omvang en aard en wijze van het doorvoeren, tot doel van pogingen tot schikkingen maken.

Het sociale plan

Terwijl zich de vereffening van de belangen op het doorvoeren van de economische maatregelen zelf uitstrekt, dient het sociale plan uitsluitend de vereffening of de verlichting van de uit de bedrijfsverandering voortkomende sociale nadelen voor het personeel. Hij zet een bedrijfsverandering in een bepaalde omvang en een bepaalde aard en wijze als gegeven vooruit, waarbij het tot stand komen van een vereffening van de belangen geen voorwaarde voor een sociaal plan is.

Het sociale plan heeft de uitwerking van een bedrijfsovereenkomst (§ 112 I S. 3 BetrVG), d.w.z. naast verplichte overeenkomsten tussen werkgever en ondernemingsraad, kunnen in hem ook rechten en aanspraken van de individuele werknemer, met de uitwerking overeengekomen worden, dat de begunstigde werknemers direct eigen rechten uit het sociale plan verwerven.

Daar bovenuit is een sociaal plan ook dan afdwingbaar, als de geplande bedrijfsverandering uitsluitend bestaat in het afbouwen van personeel (§ 112a BetrVG). Hierbij gelden de volgende grootheden:

Grootte van het bedrijf	Geplande afbouw van personeel
>20 en minder als 60 werknemers	20 %, maar minstens 6 werknemers
60 tot 250 werknemers	20 % of minstens 37 werknemers
250 tot 500 werknemers	15 % of minstens 60 werknemers
500 werknemers en meer	10 % maar minstens 60 werknemers

Nadeelvereffening

Voert het ondernemen een bedrijfsverandering door, zonder over deze een vereffening van de belangen met de ondernemingsraad te hebben gepoogd, dan is hij de werknemers, die door de gevolgen van de maatregelen zijn ontslagen of andere economische nadelen ondergaan, volgens de wet tot nadeel vereffening verplicht (§ 113 III BetrVG).

17.11 De arbitragecommissie

De arbitragecommissie is een instituut voor de bedrijfsgrondwet voor die gevallen, in die het waarnemen van de mee bestemmingsrechten door de ondernemingsraad niet tot een schikking tussen deze en de werkgever voert (§ 76 BetrVG). De arbitragecommissie beslist niet over rechtsvragen maar over regelingsgeschillen.

Te onderscheiden is het vormen en het actief worden van de arbitrage-commissie

- Tot vragen van de afdwingbare meebestemming (§ 87 I BetrVG),
- Tot alle overige vragen.

Bij de afdwingbare meebestemming wordt de arbitragecommissie op aanvrage van de ene kant – ondernemingsraad of werkgever – werkzaam. Hun uitspraak is voor beide kanten bindend, zonder dat het een verdere vorm van overeenkomst vereist (§ 87 II BetrVG).

Bestaat er geen permanente arbitragecommissie, dan moet ze eerst ontwikkeld worden. Eerst wordt de onpartijdige voorzitter gesteld, doelmatiger wijze een in arbeidsrechtelijke dingen onderlegde persoon (bv. rechter aan het arbeidsgerecht, arbeidsrecht wetenschapper). Wordt er geen schikking getroffen door beide kanten op een persoon, dan bestelt het arbeidsgerecht een voorzitter (§ 76 II BetrVG). Na het bestellen van de voorzitter benoemen de ondernemingsraad en de werkgever hun bijzitters (1_3 van iedere kant). In de verkiezing van de bijzitters zijn beide kanten vrij; noch moeten ze uit de ondernemingsraad stammen, noch kan de ene kant van de bijzitters de andere kant afwijzen.

De arbitragecommissie heeft een arbitraire speelruimte, die echter door bestaande wetten en collectieve overeenkomsten aan de ene kant, en door de situatie van het bedrijf aan de andere kant beperkt is. De kosten van de arbitragecommissie draagt de werkgever (§ 76a BetrVG).

Arbitragecommissies kunnen ook voor andere vragen over regelingen actief worden. Hun uitspraak heeft dan het karakter van een voorstel aan beide kanten, zover deze zich niet in vooruit, de uitspraak van de arbitragecommissie onderwerpen.

Procedure voor de arbitrage commissie

Bijeenroeping van een vergadering	⇒	• door de voorzitter • termijn, de plaats van vergaderen
Vergadering	⇒	• niet openbaar • juridisch gehoor • aanvragen • waarneming door advocaat mogelijk • getuigen en deskundige verhoor
Besluit (uitspraak)	⇒	• na mondelinge onderhandelingen • meerderheid van stemmen • schriftelijke vorm • onderschrift van de voorzitter • toelichting • toezending aan werkgever en ondernemingsraad • uitwerking van een bedrijfsovereenkomst
Justitieel heronderzoek	⇒	• bij arbitrair misbruik • termijn van twee weken

Werk bereiken van de ondernemingsraad

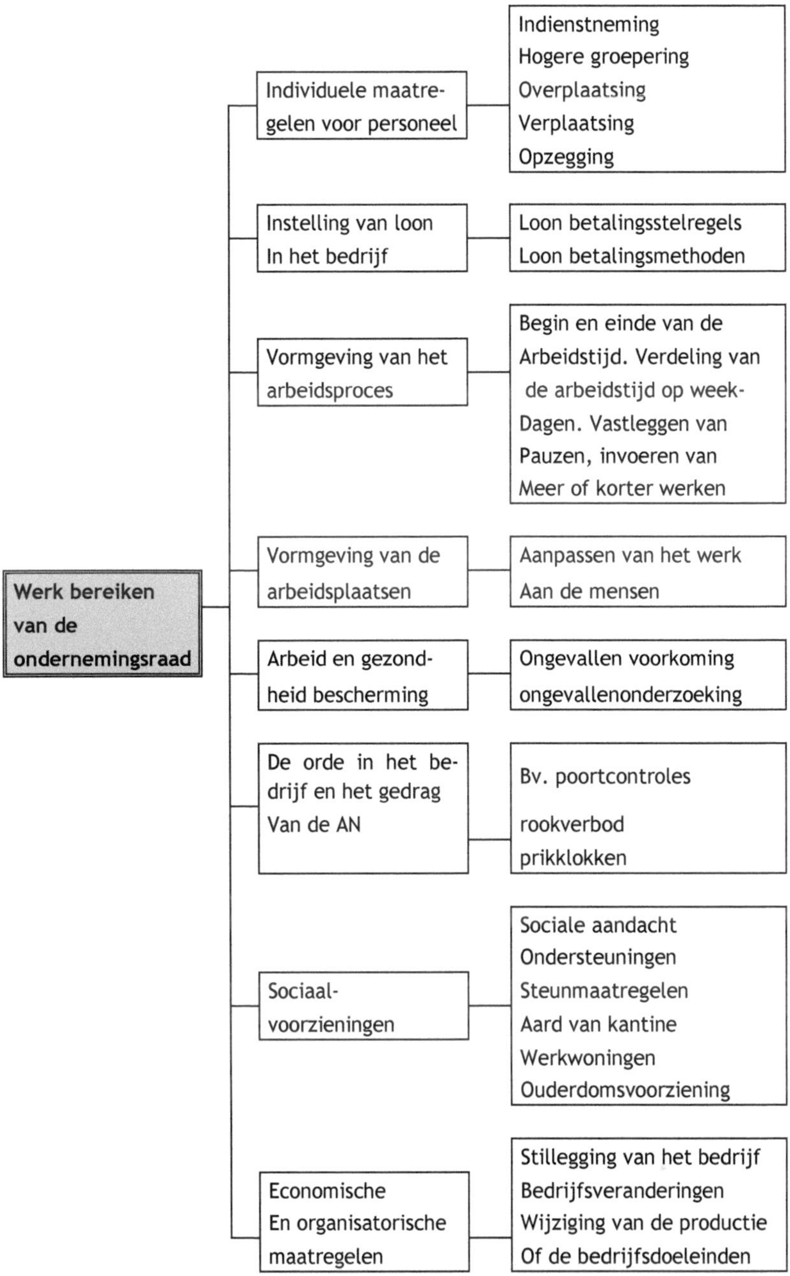

18 De Europese ondernemingsraad

Met de wet over Europese ondernemingsraden (EBRG) moet er grensoverschrijdend informatie, en hoor en wederhoor van de werknemers in de gehele gemeenschap van opererende ondernemen en groepen, van ondernemen worden verwerkelijkt. Doel is een zo groot mogelijke flexibiliteit door oplossingen in verhandelingen tussen de direct betrokkenen.

Aanwendbaar is deze wet op grensoverschrijdende actieve ondernemen en groepen van ondernemen met vestiging in Duitsland, die in de EU-lidstaten evenals de andere verdragssluitende staten van het EWR- verdrag, minstens in het totaal 1.000 werknemers en daarvan respectievelijk minstens 150 werknemers in twee lidstaten hebben (§§ 1–3 EBRG). Het EBRG geld daar bovenuit bij het ter tafel liggen van de in § 2 II EBRG genoemde voorwaarden voor internationale ondernemen en groepen van ondernemen met vestiging in derde landen.

18.1 Overeenkomst over verwittiging en wederhoor

De wet schrijft de voorrang van een overeenkomstige oplossing met talrijke vormgevende mogelijkheden voor:

- Het inrichten van een of meer – ook op sectoren gerelateerde – Europese ondernemingsraden (EBR inclusief het vormen van comités)

of

- Het invoeren van andere procedures voor verwittiging en wederhoor (bv. Decentrale procedures over lokale bedrijven- of bedrijfsbesturen of regionale procedés).

Voor een overeenkomstige oplossing moet aan de werknemer kant een bijzondere verhandelingcommissie worden gevormd, wier opgave daar in bestaat, met de centrale leiding van het ondernemen of de ondernemersgroep een overeenkomst over de grensoverschrijdende verwittiging en wederhoor van de werknemers af te sluiten (§ 8 EBRG). De grootte en de samenstelling van de commissie bepalen zich naar de grondregels van het representatief zijn (de garantie van een zetel voor een representant uit ieder lidstaat met een bedrijf) en de proporties (extra representanten uit lidstaten met een groter aantal tewerkgestelde). Voorwaarde voor het vormen van een bijzondere verhandelingcommissie is, dat of de centrale leiding de formatie instelt of 100 werknemers, of hun representanten, uit twee verschillende lidstaten een overeenkomstig verzoek indienen (§ 9 I II EBRG).

18.2 Europese ondernemingsraad onder vigeur van de wet

Als de centrale leiding van het bestuur niet binnen de 6 maanden verhandeld, en geen verhandelingoplossing binnen de 3 maanden tot stand komt, of beide kanten de voortijdige mislukking van de verhandelingen verklaren, dan wordt er een Europese ondernemingsraad onder vigeur van de wet gevormd (§ 21 EBRG). Het bepalen van de grootte (hoogstens 30 leden) en de samenstelling van de Europese ondernemingsraad, gebeurd onder inachtneming van de stelregels van het representatief zijn en de proporties.

De bevoegdheid van de Europese ondernemingsraad beperkt zich op economische aangelegenheden, die minstens twee bedrijven of ondernemingen in verschillende lidstaten betreffen, of zich grensoverschrijdend uitwerken.

De verwittiging en het wederhoren van de ondernemingsraad. Gebeurt een maal in ieder kalenderjaar over de ontwikkeling van de stand van zaken en de perspectieven van de gemeenschappelijk opererende ondernemingen (ondernemingsgroepen), in het bijzonder over de economische en de financiële stand van zaken, werkgelegenheid, investeringen, productie verplaatsingen en massale ontslagen. Daar bovenuit is de Europese ondernemingsraad bij buitengewone omstandigheden (productie verplaatsing, stillegging van bedrijven of ondernemingen, en massale ontslagen) onmiddellijk in te lichten en op verlangen bijtijds aan te horen (§ 33 EBRG).

De Europese ondernemingsraad moet een voorzitter en een plaatsvervanger kiezen (§§ 25 ff. EBRG), die zijn belangen behartigen. De voorzitter houdt in de regel de lopende zaken bij. In een Europese ondernemingsraad met meer als 9 leden, is daarnaast een commissie te vormen, die voor de lopende administratie verantwoordelijk is (§ 26 EBRG).

18.3 Overige voorschriften

De wet bevat in het bijzonder regelingen over:

- Speciale voorschriften voor tendens ondernemingen;
- Verankering van de grondregel van een samenwerking vol vertrouwen;
- Het bewaren van bedrijf- en zaken geheimen;
- Opzeggingssalaris en werkzaamheid bescherming voor werknemer vertegenwoordigers;

19 De sprekercommissie wet

De kaderleden kunnen volgens de wet over sprekercommissies van kaderleden (SprAuG) een sprekercommissie kiezen. Vereist is, dat in het bedrijf minstens 10 kaderleden regelmatig tewerkgesteld zijn. Heeft het bedrijf minder als 10 kaderleden, gelden deze tewerkgestelde voor het toepassen van de sprekercommissie wet, als kaderleden van het geografisch dichts bijzijnde bedrijf van het zelfde ondernemen, die aan de voorwaarden van het aantal minimum tewerkgestelde voldoet (§ 1 II SprAuG). Voor het vormen van een spreker commissie is voor een stelregel besluit de meerderheid van de kaderleden nodig (§ 7 II SprAuG).

De spreker commissie heeft de volgende bevoegdheden:

- Vertegenwoordiging van de interessen van alle kaderleden in het bedrijf of de onderneming (§ 25 I SprAuG);
- Overeenkomsten van richtlijnen over de naleving, het afsluiten of het beëindigen van arbeidsverhoudingen van de kaderleden (vrijwillige meebestemming), (§ 28 SprAuG);
- Verwittigingaanspraak over veranderingen van de invulling van het loon of andere algemene arbeidsvoorwaarden, evenals over het invoeren of veranderen van algemene beoordelingsstelregels § 30 SprAuG);
- Informatierecht over een geplande indienstneming of personeelsveranderingen van een kaderlid (§ 31 I SprAuG);
- Wederhoor recht voor ieder ontslag van een kaderlid (het niet werkzaam zijn van het ontslag bij foutief wederhoor) naar § 31 II SprAuG;
- Informatierecht bij economische aangelegenheden van het bedrijf en de onderneming (§ 32 I SprAuG);
- Informatierecht van geplande veranderingen in het bedrijf volgens § 111 BetrVG evenals het recht op advies over maatregelen ter vereffening of ter verlichting van nadelen.

De leden van de sprekercommissie zijn van hun werkzaamheden voor hun functie zonder vermindering van het arbeidsloon te bevrijden (§ 14 SprAuG). De nodige kosten voor de werkzaamheid in de sprekercommissie draagt de werkgever (§ 14 SprAuG). Volgens § 15 SprAuG moet de sprekercommissie eenmaal in een kalenderjaar een bijeenkomst van de kaderleden doorvoeren. Deze moet tijdens de arbeidstijd plaats vinden (§ 15 SprAuG).

De rechten van de spreker commissie:

Initiatiefrechten	geen
Toestemming weigeringrechten	geen
Verweer rechten	geen
Advies rechten	Werkgever en sprekercommissie beredeneren in een gemeenschappelijk gesprek: • Verandering over de invulling van het loon (§ 30 SprAuG); • Veranderingen overige algemene Arbeidsvoorwaarden (§ 30 SprAuG); • Het invoeren of veranderen van algemene beoordelingsstelregels (§ 30 SprAuG); • Maatregelen ter vereffening of ter verlichting bij het ontstaan van economische nadelen van geplande veranderingen in het bedrijf (§ 32 II SprAuG)
Wederhoor rechten	De werkgever deelt de sprekercommissie zijn bedoelingen mee en eist van hem een stelling name binnen een gesteld termijn over: • Afsluiten van een overeenkomst met de BR, die de rechtelijke interessen van de kaderleden aanstipt (§ 2 I SprAuG); • Ieder ontslag van een kaderlid (§ 31 II SprAuG).
Informatie rechten	De werkgever deelt de sprekercommissie zijn plannen mee ter • Verandering van de invulling van het loon en andere algemene arbeidsvoorwaarden (§ 30 SprAuG); • Invoering of verandering van algemene beoordelingsstelregels (§ 30 SprAuG); • Indienstneming van een kaderlid (§ 31 SprAuG); • Personele veranderingen van een LA (§ 31 I SprAuG); • Bedrijfsverandering volgens § 111 BetrVG, als wezenlijke nadelen voor kaderleden mogelijk (§ 32 II SprAuG); • Verwittiging van de sprekercommissie minstens een maal ieder kalender halfjaar over economische aangelegenheden van bedrijf en ondernemen(§ 32 I SprAuG).

20 De vertegenwoordiging van zwaar gehandicapte

Met de beroeps integratie en de bijzondere bescherming van zwaar gehandicapte, zijn in een ondernemen resp. een bestuur drie organen (functionarissen) belast:

1. de onderneming- of personeelraad of de personeelsvertegenwoordiging evenals de niveau vertegenwoordigingen (§ 93 SGB IX),
2. de zwaar gehandicapte vertegenwoordiging (vertrouwenspersoon) op de verschillende organisatorische niveaus (§§ 94 ff. SGB IX) en
3. de zwaar gehandicapte gemachtigde van de werkgevers (§ 98 SGB IX).

20.1 De zwaar gehandicapte vertegenwoordiging

In bedrijven en bureaus, waar op zijn minst vijf zwaar gehandicapte niet alleen maar voorovergaand tewerkgesteld zijn, wordt een vertrouwenspersoon en op zijn minst een vertegenwoordiger gekozen (§ 94 SGB IX). Ze moeten de interessen van de zwaar gehandicapte in het bedrijf of ondernemen behartigen.

Kiesbevoegdheid
Alle in het bedrijf of bureau op het tijdpunt van de verkiezing tewerkgestelde zwaar gehandicapte en gelijkgestelde. Op leeftijd, duur en aard van de tewerkstelling komt het niet aan. Bijgevolg zijn ook kaderleden volgens § 5 III BetrVG bevoegd te kiezen

Kiesbaarheid
Kiesbaar zijn doorlopend tewerkgestelde die op de dag van de verkiezing hun 18. Levensjaar hebben voltooid en 6 maanden bij het bedrijf behoren. Niet verkiesbaar is, wie krachtens de wet niet tot onderneming- of personeelraad gekozen kan worden.

Een gezamenlijke zwaar gehandicapte vertegenwoordiging moet van de zwaar gehandicapte vertegenwoordiging gekozen worden, voor zover in een ondernemen een gezamenlijke ondernemingsraad of voor meerdere bureaus een gezamenlijke vertegenwoordiging bestaat (§ 97 SGB IX). Is een zwaar gehandicapte vertegenwoordiging alleen in een van de vele bedrijven van een ondernemen gekozen, dan neemt ze in alle bedrijven de rechten en plichten van de gezamenlijke zwaar gehandicapte vertegenwoordiging waar.

De taak van de zwaar gehandicapte vertegenwoordiging en de gecompeteerde rechten die hem tegenover de werkgever en de bedrijf- en personeelvertegenwoordiging toestaat zijn in § 95 SGB IX omlijnd:

- De zwaar gehandicapte vertegenwoordiging moet de integratie van zwaar gehandicapte in het bedrijf, respectievelijk het bureau, vorderen.
- Ze moet de interessen van de enkele - en groepen tewerkgestelde zwaar gehandicapte in het bedrijf en het bureau vertegenwoordigen.
- Ze moet de individuele zwaar gehandicapte in alle aangelegenheden helpen en raadplegen, die met de beroepsmatige integratie, in het bijzonder met de werkgelegenheid samenhangen.
- Ze moet er op letten, dat de werkgever de verplichtingen volgens §§ 71, 72 en 81 bis 84 SGB IX nakomt.

De zwaar gehandicapte vertegenwoordiging heeft in het bijzonder over de naleving van de geldende normen ten gunste van de zwaar gehandicapte te waken, die de zwaar gehandicapte dienen, bij de bevoegde instanties voor te stellen, en suggesties en klachten op te pakken (§ 95 I SGB IX).

In alle aangelegenheden, die een enkele zwaar gehandicapte of de zwaar gehandicapte als groep aan gaat, moet de zwaar gehandicapte vertegenwoordiging op tijd en uitgebreid worden ingelicht, en vooraf worden gehoord (§ 95 II SGB IX). Dit betreft tewerkstelling, verplaatsing of opzegging, evenals alle andere beslissingen, die op zwaar gehandicapte betrekking hebben, of door de zware handicap anders als de overige werknemers, aangepakt moeten worden.

De zwaar gehandicapte vertegenwoordiging is er ook bij de vergadering van de economische commissie en alle zgn. maandelijkse besprekingen tussen de werkgever en de respectievelijke personeelsvertegenwoordigingen, naar § 74 I BetrVG, § 66 I BPersVG en de overeenkomstige voorschriften van het andere personele vertegenwoordigingsrecht, erbij te halen. Tot slot kan de zwaar gehandicapte vertegenwoordiging van zwaar gehandicapte, naast of in de plaats van een lid van de tewerkgestelde vertegenwoordiging, ter inzage de van hem gevoerde personeelakte, erbij gehaald worden (§ 95 III SGB IX).

De vertrouwenspersoon heeft het recht, aan alle vergaderingen van de personeel vertegenwoordiging en hun comités adviserend deel te nemen (§ 32 BetrVG, § 95 IV SGB IX). Ze kan aanvragen en aangelegenheden die de enkele zwaar gehandicapte of de zwaar gehandicapte als groep betreffen, op de agenda plaatsen. Ze kan de opschorting van een besluit voor een week aanvragen, als ze hem als een aanzienlijke afbreuk van belangrijke interessen van de zwaar gehandicapte beschouwd of als de werkgever niet heeft deelgenomen (§ 35 BetrVG, § 95 IV SGB IX).

De zwaar gehandicapte vertegenwoordiging kan minstens een maal per jaar een vergadering van zwaar gehandicapte in het bedrijf resp. in een bureau doorvoeren (§ 95 V SGB IX). Die voor de bedrijf- (§§ 42 ff. BetrVG) en voor de personeelsvergaderingen (§§ 48 ff. BPersVG) geldende voorschriften zijn hierbij van toepassing.

De regelingen over de persoonlijke rechten en plichten van de vertrouwenspersoon van de zwaar gehandicapte lijkt op de rechtspositie van de leden van de onderneming- of personeelraad (§ 96 SGB IX).

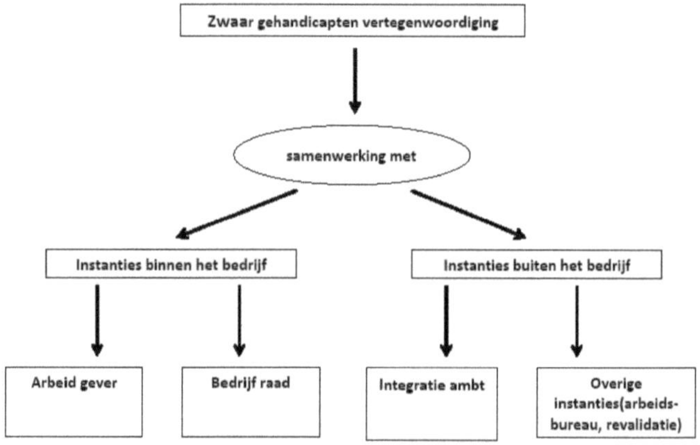

20.2 Zwaar gehandicapten gevolmachtigder van de werkgevers

De werkgever is volgens § 98 SGB IX verplicht, een of meer zwaar gehandicapte gevolmachtigden te bestellen, als er een tewerkstellingsplicht voor zwaar gehandicapte bestaat of als ze werkzaam worden. De gevolmachtigde moet over de nodige vakkennis beschikken. Hij is onder de positie van de werkgever te stellen en vertegenwoordigt in aangelegenheden van de zwaar gehandicapten. Hij moet bij het integratieambt en de dienst voor arbeidsbemiddeling aangemeld worden (§ 80 VIII SGB IX).

21 Het personeel vertegenwoordigingsrecht

Het BetrVG is niet van toepassing op de publieke sector (§ 130 BetrVG). Het mee bestemmen van deze tewerkgestelde is in de federale personeel vertegenwoordigingwet (DPersVG) van de deelstaten geregeld. Ze passen zich de bedrijfsconstitutie, en de bijzondere verschijnselen en behoeften van de publieke sector aan.

Het BPersVG is van kracht in de besturen van de federale en de parate federale lichamen, instellingen en stichtingen van het publiek recht, evenals in de federale gerechtshoven (§ 1 BPersVG). Voor de ambtenaren van de deelstaten en gemeentes zijn in het BPers VG kadervoorschriften en ook parate voorschriften met betrekking tot de bescherming van de personeelsraadsleden opgenomen; voor de rest gelden de nationale personeel vertegenwoordigingswetten (§§ 94 ff. BPersVG). Rechters hebben hun eigen vertegenwoordigingsorganen (rechterraad, presidenteelraad, §§ 49 ff. DRiG).

De personeelraad vertegenwoordigt drie groepen, de ambtenaren, de werknemers en de medewerkers in de publieke sector. Alle drie groepen kiezen gescheiden en moeten in de personeelsraad vertegenwoordigd zijn (§ 19 BPersVG). Verantwoordelijke instantie voor de medezeggenschap in de publieke sector zijn de personeelraden. Ze worden in alle instanties gevormd, die in de regel minstens 5 kiesgerechtigde werknemers hebben waarvan drie kiesbaar zijn. Hun ambtsperiode duurt vier jaar. De personeel vertegenwoordiging heeft in het bereik van de publieke sector een soortgelijke functie als de ondernemingsraad in de particuliere sector.

Het frontale begrip BetrVG / PersVG	
Bedrijf	Instantie
Ondernemer	Het hoofd van de instantie
Ondernemingsraad	Personeelsraad
bedrijfsvergadering	Personeelsvergadering

21.1 Organisatie

Vergelijkbaar met het BetrVG worden de personeel vertegenwoordigingswetten onderverdeeld in een organisatie gedeelte (§§ 12 ff. BPersVG) en het gedeelte, dat de participatie bevoegdheid van personeel vertegenwoordigingsrechtelijke organen, en in het bijzonder de personeelraad, regelt (§§ 66 ff. BPersVG). Juridische conflicten beslissen de administratieve rechtbanken (§ 83 BPersVG).

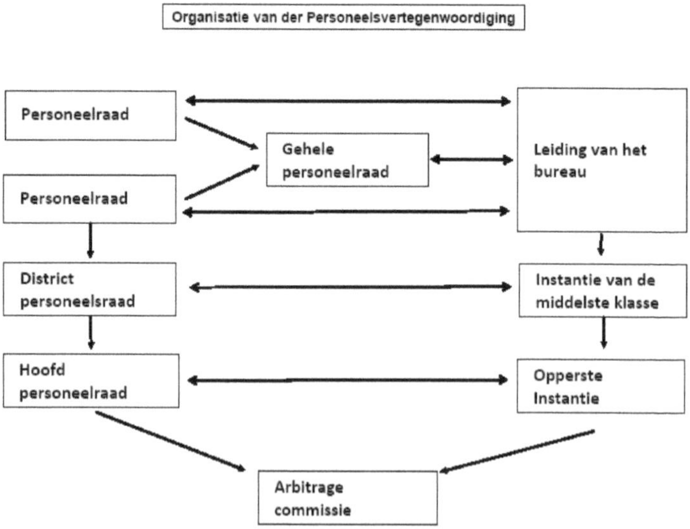

De personeelvertegenwoordiging is door haar overheidsstructuur georiënteerde organisatie- en beschikkingsstructuur gekenmerkt, waarbij het bovengerangschikte ambt de na geordende instructies verstrekken kan.

Deel- en hoofd personeelraad heten fasen vertegenwoordigingen (§§ 53 ff. BPersVG). Voor het ressort van besturen met meerdere niveaus worden bij de overheid deel personeelsraden op het middelste niveau, en bij het opperste hoofd van dienst, hoofd personeelsraden gevormd. Welke personeelsvertegenwoordiging bevoegd is, richt zich naar de beschikkingsbevoegdheid van de instantie en de structuur opbouw van het ambt (§ 82 BPersVG). Er is ook een complete personeelsraad, die uit de personeelraden de nevenposities en delen van instanties met een eigen personeelsraad bestaan (§ 55 BPersVG).

Door dienstovereenkomsten worden regelingen voor de respectievelijke ambten afgesloten. Deze komt in wezenlijke overeen met het bedrijfsakkoord. Ze is echter alleen toelaatbaar, als de wet dit uitdrukkelijk voorschrijft (§ 73 BPersVG).

Afwijkend van de bedrijfsgrondwet worden de conflicten tussen personeelraad en instantie daardoor opgelost, dat bij het niet eens worden, de telkens opvolgend hogere instantie en fasen vertegenwoordiging, ingeschakeld wordt. Eerst als het op het niveau van het opperste hoofd van dienst niet tot een schikking komt, kan de arbitragecommissie ingeroepen worden. Deze kan in een reeks van medezeggenschapsaangelegenheden op grond van bijzonderheden in de publieke sector echter niet bindend decideren, maar slechts een beschikkingsvoorstel aan de hoogste instantie formuleren. Dit geldt in het bijzonder voor personeel aangelegenheden van beambten.

21.2 Participatierechten

De informatie, wederhoor- en adviesrechten zijn evenals in BetrVG verder ontwikkeld. De belangrijkste participatievormen in de personeelvertegenwoordiging zijn:

Medewerking = Consultatie zonder medezeggenschap

Medezeggenschap = Medezeggenschap met arbitragecommissie; daarbij, of een bindende beschikking of een aanbeveling.

Bij de participatierechten zijn er 3 verschillende soorten te onderscheiden:

Medezeggenschaprechten

Gelijkberechtigde medezeggenschap	Beperkte medezeggenschap	Medezeggenschap t.a.v. de beambten
Na het doorlopen van de verschillende benaderingen van de overheidsstructuur beslist de arbitragecommissie (§ 69 IV, 71 BPersVG)	De personeelraad kan alleen uit bepaalde, in de wet genoemde, redenen weigeren zijn toestemming te geven (§§ 77 II, 79 I BPersVG)	De personeelraad kan weigeren zijn toestemming te geven; de arbitragecommissie verstrekt een aanbeveling, uiteindelijk beslist de dienst- heer, (§ 69 IV BPersVG)
Toepassingsbereik: personeelszaken van de werknemer en sociale zaken,§5 BPersVG	Toepassingsbereik: Ontslag van werknemers en aangestelde,§70 Pers VG; individuele personeelszaken, § 77 BPersVG	Toepassingsbereik: Personeelszaken van de beambten

22 De bedrijfsmedezeggenschap

De bedrijfsmedezeggenschap is de participatie van de werknemer in de bestuursorganen in kapitaalvennootschappen. Dit betreft de toezichtraad en c.q. de bedrijfsleiding. Daarmee bezitten de werknemer vertegenwoordigers bij de vormgeving van de bedrijfsordening een aanzienlijk informatierecht en een directe deelname aan belangrijke ondernemerschapplanningen en beslissingen.

Opgaven en rechten van de toezichtraad volgens de aandelenwet:

- Bestelling en verandering van de bestuursleden en het afsluiten van hun aanstellingscontracten (§§ 84 I, III, 112 AktG);
- Toestemming voor bepaalde soorten van zaken (§§ 111 IV, 82 II AktG), waartoe vooral stelregel beslissingen van bijzonder economisch belang horen;
- Bijeenroeping van de algemene vergadering voor het welzijn van de gezelschap (§ 111 III AktG);
- Vaststelling van de jaarafsluiting met het bestuur (§ 172 AktG);
- Te allen tijde het recht op berichtgeving (§ 90 III AktG);
- Inzage- en controlerecht t.a.v. de boeken, geschriften en goederen.

Deze vorm van bedrijfsmedezeggenschap is in drie wetten genormeerd:

22.1 Medezeggenschapswet 1976

Kapitaalvennootschappen, coöperaties en BV. (GmbH) &Co KG met regelmatig meer als 2.000 werknemers vallen onder deze wet. Ze bevat een quasi- paritaire medezeggenschap in de toezichtraad. De groep van vertegenwoordigers van de aandeelhouders, zitten in een gelijk aantal, tegenover de representanten van de werknemers (personeelvertegenwoordiger). In hun rijen bevinden zich externe (vakbond-) vertegenwoordigers, als ook interne werknemerrepresentanten en onder de laatste, altijd een representant van de bestuurders. In »Patsituaties« komt de toezichtraad voorzittende, wier bestelling de aandeelhouders kunnen doorzetten, een dubbel stemrecht toe.

Het bestuur van het mee bestemmende bedrijf moet een arbeidsdirecteur ter waarneming van de sociale belangen van de personeelsleden aanbehoren. Deze moet echter geen vertegenwoordiger van de werknemer bank zijn.

22.2 Montan-medezeggenschap wet 1951

Deze wetten regelen de medezeggenschap in de toezicht raad van bedrijven in het mijnwezen en de ijzer- en staal producerende (niet verwerkende) industrie met in de regel meer als 1.000 werknemers, of in de holdings van zulke bedrijven, wier productie zwaartepunt in de montan-sector lag of ligt.

In deze is een paritaire medezeggenschap vastgelegd. Bij een gelijk aantal aan leden op de aandeelhouders- en de arbeidnemer bank, komt de toezichtraad in ieder van zulks een bedrijf nog een neutraal lid toe, met diens verkiezing beide kanten akkoord moeten gaan. Hij kan alles op de wip zetten, wat in een patsituatie het besluit- en functionaliteit van de toezichtraad in geval van een conflict met zijn stemming moet waarborgen.

Een arbeidsdirecteur behoort als gelijkberechtigd lid, de raad van bestuur aan. Hij kan niet tegen de meerderheid van stemmen van de werknemersvertegenwoordigers in de toezichtraad, besteld of gerappelleerd worden (§ 13 I Montan-MitbestG).

De Montan-medezeggenschap is de verst gaande medezeggenschapsregeling.

22.2.1 Een derde participatie

Voor bedrijven, die tot aan 2.000 werknemers in dienst hebben en niet onder de montan- medezeggenschap vallen, geldt de wet over de een derde participatie van de werknemers in de toezichtraad (DrittelbG).

Voor naamloze vennootschappen, BV. (GmbHs), verzekeringsverenigingen op wederkerigheid en coöperaties met meer als 500 werknemers, geldt hiernaar, de een derde participatieve medezeggenschap. De toezichtraad bestaat hierbij alleen voor een derde uit werknemer vertegenwoordigers. Hebben de werknemers, alleen een of twee toezichtraadsleden te verkiezen, dan moeten dit vertegenwoordigers van de werknemers uit het bedrijf zijn. Eerst als er meer als twee te verkiezen zijn (toezichtraad $\geq$ 9 leden) kunnen ook vakbondsvertegenwoordigers gekozen worden.

Vormen van bedrijfsmedezeggenschap

- **Montan model**
  - Geldt voor bedrijven in het mijnwezen en de ijzer- en staal producerende industrie met meer als 1.000 werknemers.
  - Participatieve samenstelling van de toezichtraad uit vertegenwoordigers van de aandeelhouders en de werknemers.
  - Neutrale voorzitter van de toezichtraad.
  - Arbeidsdirecteur wordt, op voorstel van de toezichtraad, maar niet tegen de stemmen van de meerderheid van de werknemers, in de raad van bestuur gekozen.
- **DrittelbG**
  - Geregistreerde bedrijven met meer dan 500 tot 2.000 personeelsleden.
  - Toezichtraad bestaat voor een derde uit werknemersvertegenwoordigers.
- **MitbestG 1976**
  - Toepassingsgebied: bedrijven met meer als 2.000 personeelsleden.
  - Toezichtraad bestaat voor de helft uit vertegenwoordigers van de werknemers en de aandeelhouders; de vertegenwoordigers van de kaderleden worden de werknemers toegewezen.
  - Aandeelhouders kunnen de toezichtraad voorzitten-de opstellen. ellen.
  - Bij staking van stemmen, tweede stem voor de toezichtraad voorzitter.

23 Het arbeidsbeschermingrecht

Tot het arbeidsbeschermingrecht worden in de breedste zin van het woord, alle rechtsvoorschriften geteld wiens doeleinde het is, de werknemers voor gevaren te beschermen, die uit een speciale situatie ontstaan. Deze gevaren ontstaan enerzijds uit de economische afhankelijkheid bij de rechtelijke vormgeving van het arbeidscontract, en anderzijds wegens de technische installaties, de werkstoffen en de werkplaatsen, waar en waarmee hij zijn arbeidsprestatie moet leveren. Voor deze gevaren beschermen de werknemer voorschriften, die het afsluiten en de inhoudelijke vormgeving betreffen. Het handelt zich in de eerste plaats om de bereiken tarief- en bedrijfsgrondwet recht, voor wiens bevordering de werknemer tegenover de werkgever zelf moet zorgen. Hiertoe behoort ook voor werkgever de verplichting, waar naar hij, de voor ongevallen- en gezondheidsbescherming nodige maatregelen moet treffen (§ 618 BGB).

Daarboven uit beschermen de werknemer publiekrechtelijke voorschriften, die de werkgever, in openbaar interesse, plichten oplegt, voor wier naleving de staat- of de verantwoordelijke instantie van de wettelijke ongevallen verzekering moet zorgen, onafhankelijk daarvan, of de werknemer zijn recht na streeft. Deze publiekrechtelijke arbeidsbescherming voorschriften zijn het arbeidsbeschermingrecht in strikte zin, en laten zich volgens inhoud in sociale en technische arbeidsbescherming onderverdelen.

Tot de zogenaamde sociale arbeidsbescherming tellen die, die ter behoud van de gezondheid, prestatievermogen, en de sociale welzijn dienende arbeidstijd voorschriften, die de bescherming van bijzonders beschermingsbehoeftige mensen dienen (jeugdige, moeders, zwaar gehandicapte).

De technische arbeidsbescherming omvat de arbeidsbescherming maatregelen, die getroffen moeten worden, om de werknemer voor de gevolgen van de toegepaste techniek te beschermen. Hierbij rekent men technische installaties, arbeidsstoffen en arbeidsplaats inrichting. Opgave van de technische arbeidsbescherming is het, arbeidsongevallen, beroepsziekten en door arbeid veroorzaakte ziekten, te voorkomen. Een duidelijke afbakening tussen sociale en technische arbeidsbescherming is niet mogelijk. De voorschriften suppleren elkaar, en zijn vaak onafscheidelijk met elkaar verbonden.

23.1 De sociale arbeidsbescherming

23.1.1 Kinderarbeidbescherming wet

De kinderarbeidbescherming wet (JArbSchG) is bedoeld om de gezondheid, arbeidskracht en het prestatievermogen van de jongeren te beschermen. Dit geldt voor de tewerkstelling van personen, die nog geen 18 jaar oud zijn (kinderen en jongeren) en in een beroepsopleiding of in een overeenkomstige beroepsopleiding verhouding staan of als werknemer, thuiswerker of met soortgelijke diensverleningen, tewerkgesteld worden (§ 1 I JArbSchG). Hulpverleningen van geringe omvang uitgezonderd.

De voorschriften van de JArbSchG en de door de wet afgekondigde bepalingen, behoren tot het openlijke recht en zijn daarom dwingend.

De belangrijkste verordeningen van de kinderbescherming zijn:

- Verordening over het verbod van de tewerkstelling van personen onder 18 jaar met werkzaamheden die hem zedelijk in gevaar brengen,
- Verordening over het onderzoeken door een arts, volgens de kinderbeschermingswet (JArbSchUV)
- Verordening over de kinderarbeidsbescherming (KindArbSchV).

De tewerkstelling van jongeren met bepaalde gevaarlijke werkzaamheden is verboden. Hiertoe rekent men in het bijzonder werkzaamheden die het prestatie vermogen van de jongeren overtreft, evenals werkzaamheden waarbij hij aan zedelijke gevaren is blootgesteld (§ 22 I JArbSchG).

Het tewerkstellingsverbod geldt met beperkingen eveneens voor werkzaamheden,

- die met ongevallen risico's verbonden zijn, waarvan aan te nemen is, dat jongeren ze wegens het ontbreken aan veiligheidsbewustzijn of het ontbreken aan ervaring het niet herkennen of afweren kunnen,
- waarbij de gezondheid van de jongeren door buitengewone hitte, kou of bij hevige vochtigheid in gevaar wordt gebracht,
- waarbij ze aan schadelijke inwerkingen van lawaai, schuddingen, flitsen, gevaarlijke stoffen of biologische werkstoffen blootgesteld zijn.

Jongeren mogen principieel ook met akkoordarbeid tewerkgesteld worden en overige werkzaamheden waarbij, door een opgevoerd arbeidstempo een hoger loon kan worden bereikt (§ 23 I Nr. 1 JArbSchG), evenals met werkzaamheden, bij die het arbeidstempo niet alleen af en toe voorgeschreven, of op een andere wijze afgedwongen wordt (§ 23 I Nr. 3 JArbSchG), bv. arbeid aan de lopende band. Jongeren mogen verder principieel niet in arbeidsgroepen met volwassenen tewerkgesteld worden, die zulk werk verrichten (§ 23 I Nr. 2 JArbSchG).

Jongeren mogen niet meer als acht uur dagelijks, en niet meer als 40 uur in de week tewerkgesteld worden (§ 8 JArbSchG). Ze mogen slechts vijf dagen in de week, namelijk van maandag tot vrijdag, tewerkgesteld worden (§ 15 JArbSchG). Op zaterdagen (§ 16 JArbSchG) en op zondagen (§ 17 JArbSchG) mogen jongeren principieel niet tewerkgesteld worden. Dit verbod geldt niet voor alle werkgelegenheden. Voor de deelname aan beroeps klassikaal onderwijs en voor examens moet de werkgever de jongeren vrijstellen (§ 9 JArbSchG).

De jongeren is bij een werktijd van meer als 4 ½ tot 6 uur, pauzen met een duur van 30 minuten, en meer als 6 uur, pauzen met een duur van minstens 60 minuten toe te staan Na het beëindigen van de dagelijkse arbeidstijd mogen jongeren niet voor het aflopen van 12 uur vrije tijd aan een stuk, weer tewerkgesteld worden (§ 13 JArbSchG). De duur van de vakantie (25 tot 30 werkdagen) van jongeren is naar leeftijd gestaffeld (§ 19 II JArbSchG).

De werkgever moet voorkeringen en maatregelen treffen, die ter bescherming van de jongeren, tegen gevaren voor leven en gezondheid, evenals voor het verhinderen van een vermindering van de lichamelijke of psychisch mentale ontwikkeling van de jongeren nodig zijn (§ 28 I JArbSchG). Hij moet de jongeren voor het begin van de tewerkstelling over de ongevallen- en gezondheidsrisico's, evenals over de faciliteiten en maatregelen ter verhindering van deze gevaren onderrichten. Over de begeleiding van jongeren betreffend hun gezondheid, staan in de jongeren arbeidsbeschermingwet speciale voorschriften.

23.1.2 Moederschapzorg wet

De moederschapzorg wet (MuSchG) moet vrouwen en kinderen kort voor en na de bevalling, bijzondere bescherming geven. Dit gebeurt, door de vrouw te beschermen voor te grote lichamelijke overbelasting tot en met de volledige vrijstelling van arbeid (in het bijzonder door moederschapzorg termijnen van zes weken voor en acht –bij vroeg- en meerlinggeboorten twaalf – weken na de bevalling), door ontslagbescherming voor die vrouw, die onder de moederschapzorg valt, evenals door toekenning van uitkeringen ter zekering van het levensonderhoud.

Ter bescherming van de zwangere en het ongeboren kind, is de werkgever verplicht, evenredig aan deze toestand, de arbeidsplaats aan te passen (§ 2 MuSchG). In specifieke gevallen kan ook het verwittigde toezichtambt voorschrijven, welke maatregelen er ter bescherming van de gezondheid van de zwangere na te komen, en in te richten zijn.

Volgende plichten worden de werkgever volgens de wet opgelegd:

1. Bij het inrichten en het onderhoudt van de arbeidsplaats, waartoe ook de machines, gereedschap en apparatuur tellen, moet hij voorzieningen treffen en maatregelen nemen, ter bescherming van het leven en gezondheid van de wordende moeder. Waarin deze voorkeringen specifiek bestaan laat de wet open (§ 3 I MuSchG).
2. Staat of loopt de arbeid neemster voortdurend bij haar werk, dan moet de werkgever voor een zitplaats zorgen, waar zij zich kort uitrusten kan. Oefent de zwangere arbeid neemster daarin tegen, een zittend beroep uit, moet ze de gelegenheid hebben, zich te bewegen (§ 2 I, II MuSchG).

De MuSchG beschermd de wordende moeder en de kraamvrouw hoofdzakelijk door

- Algemene tewerkstellingsverboden, die voor alle zwangere werkneemsters gelden, en
- Individuele tewerkstellingsverboden, die in ieder afzonderlijk geval, afhankelijk van de gezondheidstoestand van de zwangere arbeid neemster zijn.

Sommige tewerkstellingsverboden van de moederschapzorg wet gelden alleen voor de duur van de zwangerschap, andere duren aan tot na de geboorte. Van eigen – relatieve – tewerkstellingsverboden (bv. moederschapzorg termijn voor de geboorte) kan de werkneemster afstand doen, van de absolute tewerkstellingsverboden (bv. de moederschapzorg termijn na de geboorte) niet.

Alle tewerkstellingsverboden, verbieden de werkgever het daadwerkelijk tewerkstellen van de zwangere arbeid neemster of de voeding gevende moeder. Tijdens een tewerkstellingsverbod mag de werkneemster de arbeidsverrichting verweigeren, zonder haar plichten te schenden. Een tewerkstellingsverbod raakt het bestand van de arbeidsverhouding niet aan, - het blijft met alle rechten en plichten bestaan.

Een reificatie van de individuele tewerkstellingsverboden bevat de verordening ter bescherming van de moeder aan haar arbeidsplaats.

23.1.3 Zwaar gehandicaptenwet

Zwaar gehandicapte genieten in de arbeidsverhouding een bijzondere bescherming door het sociale wetboek IX (SGB IX). Deze bescherming betreft enerzijds een lopende arbeidsverhouding, in die het bv. een verhoogde ontslag bescherming, bijzondere vakantieregelingen en regelingen voor meer werk bevat; anderzijds moet het ook zwaar gehandicapte bij het zoeken naar een arbeidsplaats ondersteunen. Dit doel wordt daardoor bereikt, dat de werkgever vanaf een bepaald aantal aan tewerkgestelde, wordt opgegeven, een vereveningsheffing te betalen, als hij niet een bepaald aantal zwaar gehandicapte aanneemt.

Bovendien moet de werkgever

- voor het bezetten of omzetten van iedere arbeidsplaats of opleidingsplaats onderzoeken, of hij de positie met een zwaar gehandicapte of een gelijkgestelde kan bezetten. (§ 81 I SGB IX);
- aan dit onderzoek van de zwaar gehandicapte vertegenwoordiging deelnemen, en een misschien voorhand zijnde bedrijfsraad wederhoren. De ondernemingsraad kan de toestemming voor een indienstneming verweigeren, als voor de indienstneming geen onderzoek werd verricht, of de vrije arbeidsplaats met een zwaar gehandicapte werknemer bezet kan worden. Dit plichtverzuim betekent een schending tegen een wettelijk voorschrift volgens § 99 II BetrVG;
- sollicitaties van zwaar gehandicapte met de zwaar gehandicapte vertegenwoordiging uitvoerig bespreken en met hun advies, de bedrijf- of personeelraad meedelen. Het advies moet achterwege blijven, als de zwaar gehandicapte de deelname van de zwaar gehandicapte vertegenwoordiging uitdrukkelijk verweigert (§ 81 I SBG IX);
- de zwaar gehandicapte zo te werk stellen, dat deze hun kwaliteiten en kennis zo veel mogelijk kunnen benutten en verder kunnen ontwikkelen. Daarbij moet er ter stimulering van het vooruit komen in hun beroep, bij maatregelen voor beroeps vorming binnen het bedrijf, bevoorrecht met hun rekening gehouden worden De deelname aan buiten het bedrijf plaatsvindende maatregelen, moet hun in een draaglijke omvang makkelijk worden gemaakt (§ 81 IV SGB IX). Bij verwondingen kan het tot een aanspraak op schadevergoeding voeren;
- de zwaar gehandicapte zo steunen, dat hij zijn beperkte arbeidskracht door een passende bezigheid nog kan inzetten (§ 81 III SGB IX). Een schending van deze plicht kan ook tot aanspraak op schadevergoeding voeren;
- de arbeidsruimte, installaties in het bedrijf, machines en het gereedschap zo installeren en onderhouden, en het bedrijf zo regelen, dat ten minste het voorgeschreven aantal zwaar gehandicapte in hun bedrijven een voortdurende tewerkstelling kunnen vinden;
- met het gevaar voor ongevallen, bijzonders rekening houden;
- deeltijd arbeidsplaatsen bevorderen (§ 81 V SGB IX);

- de arbeidsplaats met de nodige toe moetbare technische hulp gereedschappen voorzien (§ 81 IV Nr. 5 SGB IX).

23.2 De technische arbeidsbescherming

Een bijzonderheid van de Duitse arbeidsbescherming bestaat daar in, dat rechtsnormen niet alleen door het rijk, maar ook door de uitvoerende organen van de wettelijke ongevallen verzekering (vakverenigingen) vastgesteld worden. Hierdoor kan het arbeidsbeschermingrecht tweesporig varen, al naar gelang de recht zittende institutie.

Bij het rijks arbeidsbeschermingrecht handelt het zich voornamelijk om wettelijke bondsverordeningen De vakverenigingen wordt opgelegd, met alle bruikbare middelen arbeidsongelukken te voorkomen en voor een probate eerste hulp te zorgen. Voor dit doeleinde hebben de vakverenigingen een autonoom statutenrecht en kunnen ongevallen voorkomingvoorschriften uitvaardigen over

- Voorzieningen, verordeningen en maatregelen, die de ondernemingen ter voorkoming van arbeidsongevallen moeten dienen, te treffen,
- de noodzakelijke handelswijze van de verzekerden, ter voorkoming van ongevallen,
- geneeskundige onderzoeken van de verzekerden ter voorkoming van arbeidsongevallen (waartoe ook beroepsziektes tellen).

Ongevallen voorkomingvoorschriften verplichten alleen de leden van de desbetreffende vakverenigingen. Daar echter alle ondernemingen, die werknemers in dienst hebben, principieel lid van een vakvereniging zijn en de in de regel eensluidende ongevallen voorkoming voorschriften vaststellen, is ook door deze voorschriften gegarandeerd, dat er een omsluitende bescherming voor de werknemers bestaat.

De vakverenigingen zijn naar branches gestructureerd en hebben als publiekrechtelijke lichamen, naast de taak ongevallen te verhoeden, ook de taak van ongevallen verzekering. Hun organen, bestuur en vertegenwoordigers bijeenkomst, zijn paritair samengesteld uit werkgever- en verzekerden vertegenwoordigers. Het lidmaatschap bij een vakvereniging is verplichtend.

23.2.1 Regularisatiegebieden van de arbeidsbescherming

Momenteel bestaan er meer als 40 wetten, betreffend de arbeidsbescherming. Daarbij komen nationaal rechtelijke voorschriften, die meestal in samenhang staan met het bouwkundig recht. Kernpunt van deze voorschriften zijn enerzijds, de machines en arbeidsstoffen, en anderzijds, de arbeidstijd of de organisatie in het bedrijf. Technische voorschriften dienen vooral daartoe, dat men rekening houdt met de veiligheidsaspecten bij de planning en constructie van machines en installaties. Andere verordeningen op hun beurt formuleren een minimumeis aan zekerheid en hygiëne aan iedere arbeidsplaats, en voor het gebruik van bv. chemicaliën. Van bijzonder belang is hierbij, de bedrijfszekerheid verordening, die het beschikbaar stellen van arbeidsmiddelen, evenals het benutten en bedienen van installaties, die onder toezicht dienen te staan, regelt (BetrSichV).

De voorschriften van de vakverenigingen (ca. 150) hebben bv. als onderwerp: arbeidsmachines uit de bekleding industrie of chemische industrie, kranen, installaties voor het spuiten van verf, draglines, doorlopende transport machines, eerste hulp, kenmerken van gevaren.

Bij de wetten en ongevallen voorkomingvoorschriften zijn vaak verordeningen, administratie voorschriften of ten uitvoer brengende aanwijzingen, afgekondigd worden. Deze beinhouden gedetailleerde gegevens daarover, hoe de in wetten of ongevallen voorkomingvoorschriften vast gelegde beschermingsdoelen en aanvragen, te verwezenlijken zijn.

Al deze voorschriften formuleren een minimum standaard, die door alle ondernemingen moet worden voldaan. Als abstract voorschriften kader, dienen ze echter nog te worden geconcretiseerd, omdat verordeningen door de staat en ongevallen voorkomingvoorschriften, de zekerheidstechnische toedrachten niet altijd tot in alle nodige details kunnen regelen. Voor deze details is de medewerking van experten nodig. Daarom verwijst het BetrSichV voor het benutten van arbeidsgereedschap en voor installaties in het bedrijf, die onder toezicht behoren te staan, naar de stand der techniek als gestandaardiseerde zekerheidsmaatstaf. Deze normen worden van de zelfbestuurlichamen van de economie uitgewerkt, en in regelwerken samengevat. Zulke instituties zijn bv. het Duitse instituut voor normalisatie (DIN), de vereniging Duitse elektrotechnici (VDE) en de Duitse vereniging van gas- en waterdeskundigen (DVGW).

De regel werken bevatten kwaliteitsnormen en normen met veiligheidstechnische inhoud. Dat laatste wordt als »de regels van de veiligheidstechniek« gekenmerkt. Hebben ze zich waar gemaakt en in de praktijk door gezet, handelt het zich om algemeen erkende regels van de veiligheidstechniek. Omdat veel arbeidsbescherming wetten hiernaar verwijzen, zijn de regels in ieder afzonderlijk geval dan bindend, als er geen minstens gelijkwaardige of veiligheidstechnisch betere oplossing, op die plaats van de erkende norm kan worden gezet.

Qua inhoud laten zich de regelingsgebieden van de technische arbeidsbescherming in de volgende 5 feitelijke gebieden indelen:

- Arbeidsplaatsen, incl. Hygiëne in het bedrijf;
- Gereedschap, apparatuur, machines, technische installaties, voertuigen;
- Gevaarlijke stoffen;
- Persoonlijke beschermingsuitrustingen;
- Arbeidsbescherming organisatie in het bedrijf.

23.2.2 Toezicht op de arbeidsbescherming

De toezicht op, en het doorvoeren van het openbaar- rechtelijke arbeidsbeschermingrecht, berust principieel, t.o.v. de arbeidsvoorschriften van de staat, bij de van de landen bepaalde instanties (arbeidsbeschermingambten/arbeidsinspectieambten).

Deze ambten zijn vooral bevoegd, het doorvoeren van de beschermingsvoorschriften te controleren en voor dit doeleinde het ondernemen en zijn faciliteiten te bezichtigen. De arbeidsinspectie dient het ondernemen bij het doorvoeren van de arbeidsbescherming te adviseren en met alle instanties in het bedrijf, in het bijzonder met de ondernemingsraad, samen te werken. De beambten van de arbeidsinspectie kunnen bij ongerechtigheden en overtredingen van de wet, op het gebied van de arbeidsbescherming, voor hun afschaffing zorgen (verordeningen treffen). Voor elk afzonderlijk geval kunnen ze daarbij van de, naar landsrecht hun toekomende dwang middelen, gebruik maken. Dit zijn regelmatig de vervangende voornemens (dh. het uitvoeren van de af te dwingende maatregelen op kosten van de werkgevers), het bepalen van een dwangsom en de rauwelijkse dwang. Daarbovenuit kunnen ze de hele of gedeeltelijke stopzetting van het bedrijf verordenen, als ook een overtredingprocedure inleiden. Verdere opgaven zijn de arbeidsinspectie als goedkeuringsambt toegewezen (bv. stoomketel installatie).

Naast de naar landsrecht verantwoordelijke ambten, moeten de verantwoordelijke ongevallen verzekeringsinstanties door technische toezichtbeambten op het doorvoeren van de ongevallen voorkoming, toezicht uitoefenen, hun leden adviseren, evenals individuele verordeningen voor het doorvoeren van ongevallen voorkomingvoorschriften, of ter bestrijding van ongevallen- of gezondheidsgevaren instellen.

23.2.3 Organisatie voor de arbeidsbescherming in het bedrijf

Van centraal belang voor de bedrijfsorganisaties van de arbeidsbescherming is de arbeidsveiligheidswet (ASiG). Hiernaar moet de ondernemer zowel bedrijfsartsen, als ook technisch geschoolde krachten voor arbeidsveiligheid bestellen, en aan hen, de in de wet genoemde opgaven, overdragen (§§ 2, 5 ASiG).

Bedrijfsartsen en technisch geschoolde krachten dienen

- de werkgever en alle andere verantwoordelijke personen, in alle vragen van de gezondheidsbeschermingen»de arbeidsveiligheid inclusief de mens gerechte vormgeving van het werk« te ondersteunen,
- de bedrijfsinstallaties en de technische arbeidsmiddelen, vooral voor het in werking zetten, en arbeidsprocedés voor hun invoering veiligheidstechnisch te controleren;
- het ten uitvoer brengen van de arbeidsbescherming en de ongevallen voorkoming, te observeren en daarbij de arbeidsplaatsen in regelmatige afstanden te bezichtigen en vastgestelde mankementen de werkgever aan te geven en veranderingen voor te stellen,
- de gebruikmaking van beschermingsmiddelen voor het lichaam, te controleren,
- oorzaken van arbeidsongevallen te onderzoeken,
- de werknemer te beleren, en het er op aan te sturen, dat zich de tewerkgestelde, overeenstemmend de voorwaarden van de arbeidsbescherming en de ongevallen voorkoming, gedragen.

De bedrijfsartsen hebben daarbij de opgave, medische arbeidsonderzoeken door te voeren. Tevens berust bij hen de planning voor de inzet en scholing van de hulpverleners van de »Eerste hulp«. Het opgavengebied strekt zich niet alleen uit tot het verhoeden van ongevallen, maar richt zich ook op de menswaardige vormgeving van het werk. Deze opgave behelst een breed omlijst arbeidbeschermingsgebied: Hiernaar moet de arbeidstaak aan het prestatie vermogen van de werknemers aangepast worden (humanisering van het werk).

Om de uitwisseling van ervaringen tussen de actoren in het bedrijf te garanderen, en hun werk te coördineren, moet men daar bovenuit noch een veiligheidscommissie vormen, in die naast de geschoolde krachten ook ondernemers en ondernemingsraad vertegenwoordigd zijn (§ 11 ASiG). Als aanvullende groep, ziet de wet arbeidnemers uit het bedrijf als veiligheidsgevolmachtigde voor, die zich ter plaatse om arbeidsbeveiliging en ongevallen voorkoming bekommeren (§ 22 SGB VII).

Samenstelling van de arbeidsbeveiliging commissie

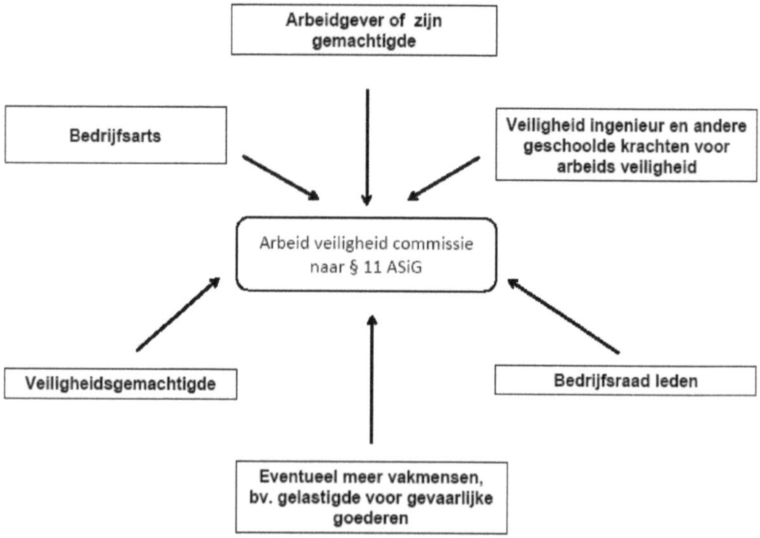

De ondernemingsraad heeft naast het meewerken in de veiligheidscommissie noch verder strekkende opgaven (§ 89 BetrVG). Deze zijn:

- Toezichtfuncties, t.o.v. de ten gunste van de werknemer uitgevaardigde wetten, verordeningen, ongevallen voorkomingvoorschriften, collectieve arbeidsovereenkomsten en bedrijfsovereenkomsten;
- Vormgevingfuncties, doordat hij bij de werkgever maatregelen, die het bedrijf en de personeelsleden dienen, aanvraagt;
- Meebestemming opgaven t.o.v. de arbeidsbescherming regelingen in het bedrijf, en ongevallen voorkomingaangelegenheden;
- Ondersteuningsopdracht tegenover de arbeidsbeschermingambten;
- Informatierecht over de desbetreffende arbeidsbescherming en ongevallen voorkoming voorschriften, en verordeningen over de dienstbetrekkingen buiten het bedrijf, ongevallen berichten, bezichtigingen etc.

23.2.4 Verantwoording voor de arbeidsbescherming

Principieel draagt de werkgever (ondernemer) de verantwoordelijkheid voor de maatregelen van de arbeidsbescherming (§ 3 ArbSchG). Doch reeds in midden grote bedrijven, kan de ondernemer zich niet persoonlijk om de individuele maatregelen en functies bekommeren. Daarom kan en moet de fundamentele bevoegdheid voor bepaalde losstaande plichten, en plichten catalogus, op kaderleden in het bedrijf overgedragen worden.

(§ 13 ArbSchG). Dit gebeurt door overeenkomstige arbeidscontractuele invullingen, en het scheppen van een efficiënte organisatorische structuur.

Met het overdragen van adequater opgaven en het contingent aan een noodwendige beschikkingsbevoegdheid, wisselt de verantwoording van de delegerende naar de delegeer. Deze treedt ten volle in, voor de rechtspositie van de ondernemer, en is daarmee voor mogelijke foute beslissingen en daarom, voor civiele- en publiekrechtelijke gevolgen verantwoordelijk. Op de delegerende kan principieel alleen dan noch in die omvang een beroep worden gedaan, als hij bij het uitkiezen van de delegeer de toelatingsvoorwaarden niet heeft gecontroleerd, de overdrachten niet met de geboden zorgplicht heeft voorgenomen of als het aan het nodige toezicht ontbrak. Oefent een gevolmachtigde de aan hem opgedragen plichten niet correct uit, dan moet de ondernemer hem aflossen, omdat het doeleinde, het overdragen van de plichten, niet is bereikt en de verantwoordelijkheid verder bij de ondernemer ligt.

De belangrijkste gevolmachtigde in het bedrijf zijn:

- Bedrijfsarts
- Vakman voor arbeidsveiligheid (veiligheidsvakman)
- Bedrijfsgevolmachtigde voor afval.
- Speciaal afval gevolmachtigde.
- Gevolmachtigde voor biologische veiligheid
- Milieubescherming gevolmachtigde
- Brandpreventie gevolmachtigde
- Gevolmachtigde voor bescherming persoonsgegevens
- Gevolmachtigde voor gevaarlijke goederen en stoffen
- Bedrijfsgevolmachtigde voor Immission bescherming
- Hygiënegevolmachtigde
- Laser veiligheidgevolmachtigde
- Bedrijfsgevolmachtigde voor de bescherming van wateren
- Kwaliteitsgevolmachtigde
- Veiligheid gevolmachtigde
- Stralen bescherming gevolmachtigde
- Gevolmachtigde voor storingen

24 Collectief arbeidsovereenkomsten recht

Het afsluiten van tariefovereenkomsten door de collectieve arbeidsovereenkomsten partijen, is een onderdeel van de wettelijk rechtelijke coalitie vrijheid (Art. 9 III GG). In het kader van hun tariefbevoegdheid en – vaardigheid, bepalen de collectieve arbeidsovereenkomsten partijen zelf, voor welk tijdbestek, welk ruimtelijk, welk vak en persoonlijk toepassingsgebied, ze het recht van de collectieve arbeidsovereenkomsten geven. Welk regelingsonderwerp, inhoud van de collectieve arbeidsovereenkomsten zijn kan, wordt door de collectieve arbeidsovereenkomsten wet (TVG) beslist.

De collectieve arbeidsovereenkomst is een, tussen tarief capabele partijen schriftelijk afgesloten verdrag, dat hoofdzakelijk de inhoud van arbeidsverhoudingen regelt. Het tot stand komen van een collectieve arbeidsovereenkomst, beoordeeld zich naar de voorschriften van het BGB over de afsluiting van het verdrag (§§ 145 ff. BGB). Schendingen tegen de schriftvormeis van § 1 II TVG voeren tot ongeldigheid van het verdrag (§ 125 BGB).

Collectieve arbeidsovereenkomsten partijen zijn de vakbonden, de individuele werkgever, evenals verenigingen van werkgevers (§ 2 I TVG). Ook top organisaties kunnen collectieve arbeidsovereenkomsten afsluiten, als hun afsluiting volgens de statuten tot hun opgaven behoort.

Om als coalitie, in de zin van het TVG tarief, capabel te zijn is noodzakelijk:

- DE coalitie moet volgens de statuten, als opgave, het waarnemen van de interessen van de leden als tarief verdragspartij hebben, en geneigd zijn, tarief verdragen af te sluiten. Ze moet vrijwillig worden geconstitueerd, vrij van tegenstanders, onafhankelijk, overkoepelend georganiseerd zijn en het geldende tariefrecht als bindend erkennen.
- De coalitie moet voldoende doorzettings kracht tegenover de sociale tegenspeler bezitten (=sociale macht).

24.1 Inhoud van de collectieve arbeidsovereenkomst

De collectieve arbeidsovereenkomst regelt de rechtsbetrekkingen, die de collectieve arbeidsovereenkomsten partijen zelf betreffen (=schuldrechtelijke voorschriften) en het regelen van de inhoud van de arbeidsverhoudingen (=normatieve voorschriften).

Collectieve arbeidsovereenkomsten

Schuldrechtelijk gedeelte	Normatief gedeelte
• Rechten en plichten van de collectieve arbeidsovereenkomst partijen (CAO) t.a.v. afsluiting, doorvoering en beëindiging van de collectieve arbeidsovereenkomst • Vrede bewaren • Eventueel, arbitrage overeenkomst • De plicht op situaties in te werken	• Rechtsnormen over inhoud, afsluiting en beëindiging van arbeidsverhoudingen • Rechtsnormen t.a.v. vragen over het bedrijf, en bedrijf grondwetrechtelijke vragen

24.1.1 Het schuldrechtelijke deel van de collectieve arbeidsovereenkomst

De schuldrechtelijke overeenkomsten betreffen alleen de CAO partijen zelf en oefenen geen rechtstreekse werking op de individuele arbeidsverhouding uit. Ze kunnen iedere, naar het burgerlijk recht toelaatbare, inhoud hebben. Naast deze schuldrechtelijke verplichtingen staan er in iedere collectieve arbeidsovereenkomst, twee bindende verplichtingen. Ook als er daarover in de collectieve arbeidsovereenkomst geen uitdrukkelijke afspraken zijn gemaakt, bestaan ze als zelfstandige, de collectieve arbeidsovereenkomstpartijen bindende afspraken:

- **Vrede bewaren**
- **De plicht op situaties in te werken**

De plicht om vrede te bewaren is het gebod voor het behoud van de arbeidsvrede. Zodra er een regeling volgens tarief bestaat, zijn de collectieve arbeidsovereenkomst partijen aangehouden, iedere activiteit tot strijd, die zich tegen het bestand van deze collectieve arbeidsovereenkomst richt, te laten (=negatieve componenten). Ook mogen ze noch andere tot arbeidsstrijd animeren, noch deze ondersteunen, maar zijn in tegendeel verplicht, met alle geoorloofde middelen tegen een activiteit van strijd op te treden, die de collectieve arbeidsovereenkomst in gevaar brengt (= positieve componenten).

De plicht om op situaties in te werken, gebiedt het, op de leden van het verbond in te werken tot tarief getrouwheid, d.w.z. een tarief gerechtvaardigde houding en het doorvoeren van in de collectieve arbeidsovereenkomst afgesproken maatregelen.

24.1.2 Het normatieve deel van de collectieve arbeidsovereenkomst

De eigenlijke arbeidsrechtelijke inhoud van de collectieve arbeidsovereenkomst vormen zijn normatieve bepalingen. In tegenstelling tot het schuldrechtelijke deel worden hier die voorschriften opgesteld, die het recht, in het bijzonder, de arbeidsverhouding van de leden van betrokkene verbonden, dh. van de individuele werkgever en werknemer, regelen.

Naar collectieve arbeidsovereenkomst typen, wordt tussen loon- en salaris kader overeenkomsten, tussen collectieve arbeidssalaris overeenkomsten, en tussen collectieve mantel- of kader arbeidsovereenkomsten gedifferentieerd.

Collectieve mantel arbeidsovereenkomst	Collectieve loon arbeidsovereenkomst	Collectieve loon kader arbeidsovereenkomst
Collectieve mantel arbeidsovereenkomsten regelen algemene arbeidsvoorwaarden zoals indienstneming en ontslag, de modaliteiten voor het berekenen en uitbetalen van lonen en salarissen, de arbeidstijd, het meerwerken, het korter werken, ploegen arbeid, bereikbaarheidsdienst, consignatiedienst, vragen over vakantie enz.	Collectieve loon- en salaris arbeidsovereenkomsten bepalen de hoogte van het arbeidssalaris. Tot het arbeidsloon tellen niet die emolumenten, waar de werknemer alleen in samenhang met de arbeidsprestatie een aanspraak op heeft, in het bijzonder voor meer kosten en moeite in de vorm van desintegratie, schadeloosstelling voor het gesepareerd zijn, overnachtinggeld, vergoeding voor vervoer, thuisreizen naar de familie en andere reiskosten.	Collectieve loon kader arbeidsovereenkomsten bepalen bevoegdheidsmethoden, op wier basis de minimumtarieven worden vastgezet. Daartoe behoren in het bijzonder de definitie van de individuele loon- en salaris groepen, stelregels over prestatietoelagen en andere bijkomende vergoedingen zoals moeilijkheidsvergoedingen, grondbeginselen van de inschalingen, en een gewaarborgd loon bij terug inschalingen.

Wegens hun normatieve karakter zijn collectieve arbeidsovereenkomsten gelijk aan wetten, en aan de grondrechten gebonden. Hun inhoud mag bv. niet tegen het gelijkheidstarief (Art. 3 GG), de coalitievrijheid (Art. 9 III GG) en de beroepsvrijheid (Art. 12 GG) verstoten.

Voorwaarde voor de toepasbaarheid van een collectieve arbeidsovereenkomst op een bepaalde arbeidsverhouding is, dat de arbeidsverhouding vanaf het toepassingsgebied van de collectieve arbeidsovereenkomst geregistreerd word (§ 4 I TVG). Het toepassingsgebied is onder te verdelen, qua tijd, qua ruimte, op vakgebied en in persoonlijk opzicht. Bovendien moeten de partijen tariefgebonden zijn. De tariefgebondenheid is dan gegeven, als de werknemer en de werkgever van die verbonden lid zijn, die de tariefovereenkomst tot stand gebracht hebben (§ 3 TVG). Daarmee bestaat het recht van de werkgevers, tussen de tarief verbondenen en andere werknemers te onderscheiden. In deze uiteenlopende behandeling ligt noch een vergrijp tegen trouw en geloof (§ 242 BGB) noch tegen de zorgplicht en niet tegen de stelregels van de gelijke behandeling.

24.2 De algemeen bindende collectieve arbeidsovereenkomst

Als middel ter uitweiding van de tariefbinding op de buitenstaander, dient de verklaring van de algemene verplichting van de collectieve arbeidsovereenkomst. Daarmee worden alle werkgevers en werknemers, die onder het toepassingsgebied van de overeenkomst vallen, aan het normatieve gedeelte van de overeenkomst gebonden, ook als ze geen van de overeenkomsten sluitende partijen aanbehoord (§ 5 TVG). Voorwaarde is:

- Het ter tafel liggen van een geldige collectieve arbeidsovereenkomst.
- De collectieve arbeidsovereenkomst moet toch al voor minstens de helft van alle wekgevers gelden, omdat ze de werkgever organisatie aanbehoren.
- De algemeen verbindende verklaring moet geboden het openbaar interesse verschijnen.
- Een formeel verzoekschrift van een CAO partij over de verklaring van de algemene verbintenissen moet ter tafel liggen.

Voor het procedé bij de algemeen verbindend verklaring, is de bondsminister verantwoordelijk. Hij kan zijn bevoegdheid op de bonds arbeidsminister overdragen. Will hij het verzoek inwilligen, dan is hij aan de toestemming van de tariefcommissie gebonden, die ieder uit 3 werknemer- en werkgeversvertegenwoordigers bestaan, die door de toporganisaties van de verbonden zijn benoemd.

Voor het beëindigen van de algemene verbondenheid zijn er drie mogelijkheden:

1. De algemene verbondenheid kan met de zelfde methode, overeenstemmend de uitleg, weer worden opgeheven.
2. De algemene verbondenheid eindigt automatisch, bij beëindiging van de collectieve arbeidsovereenkomst
3. Bij verandering van de overeenkomst van de verdragspartijen word de algemene verbondenheid van de veranderde voorschriften opgeheven.

Economische groepen met vaak voor algemeen bindend verklaarde collectieve arbeidsovereenkomsten:

- Tuin, landschapsbouw en bosbouw;
- Handwerk en industrie bij steen en aarde, keramiek en glas;
- Handwerk in houtverwerking;
- Levensmiddel- en genotmiddelindustrie,
- Bouwsector,
- Handel,
- Horeca- en hotelnijverheid,
- Reiniging en lichaamsverzorging,
- Uitgeverij,
- Bewakingsbedrijf.

24.3 Onmiddellijkheid en absolute noodzakelijkheid

De tariefnormen werken in op de individuele arbeidsverhouding, zonder dat er een wilschikking, toestemming of een medeweten bij de tariefgebonden werknemer en werkgever moet voorliggen. Deze inwerking noemt men onmiddellijkheid.

Daarbij komt de absolute noodzakelijkheid (§ 4 III TVG), dh. de partijen van de arbeidsovereenkomst kunnen principieel geen van de tariefovereenkomst afwijkende bepalingen treffen. De verdragsvrijheid, die anders in het rechtelijke leven geldt, word door de collectieve arbeidsovereenkomst in deze omvang beperkt. Iedere overeenkomst, waarvan de inhoud in strijd is met de collectieve arbeidsovereenkomst, is principieel van generlei waarde.

In twee gevallen is de absolute noodzakelijkheid uitgeschakeld(§ 4 III TVG):

- Als de CAO partijen de afwijking van de collectieve arbeidsovereenkomst hebben toegelaten of
- Als de arbeidnemer zich in de afwijking beter stelt.

24.4 Beëindiging van aanspraken volgens tarief

De absolute noodzakelijkheid van de rechten volgens tarief worden verder zeker gesteld door de bepalingen van § 4 IV TVG, waarnaar een beëindiging van aanspraken volgens tarief alleen mogelijk is:

- Op grond van uitdrukkelijke aanspraken volgens tarief,
- Bij het intreden van de verjaring,
- Als afstand doen in de vorm van een akkoord volgt, die van de Cao-partijen goedgekeurd is. Het maakt daarbij geen verschil, of het zich om een judicieel akkoord handelt.

24.5 Beëindiging van de collectieve arbeidsovereenkomst

De collectieve arbeidsovereenkomst eindigt

1. Voor zover hij determineert was afgesloten, met het intreden van het desbetreffende tijdpunt,
2. Per overeenkomst met de collectieve arbeidsovereenkomst partijen,
3. Zover er geen bepaald termijn voor is, door opzegging van een collectieve arbeidsovereenkomst partij.

De collectieve arbeidsovereenkomst eindigt niet door uittreding van de werkgevers uit de organisatie, die de collectieve arbeidsovereenkomst heeft afgesloten (§ 3 III TVG).

24.6 Consequentie van de collectieve arbeidsovereenkomst

De uitwerking van de beëindiging van de collectieve arbeidsovereenkomst is voor de socialenpartner, en de arbeidscontract partner, uiteenlopend. Terwijl de rechten en plichten van de eerst genoemde uit het verplichte gedeelte, vooral dus de plicht om op situaties in te werken en vrede te bewaren, direct eindigen, blijven de rechten en plichten uit het normatieve gedeelte bestaan (= Consequentie van de collectieve arbeidsovereenkomst, § 4 V TVG). De normen van de collectieve arbeidsovereenkomst zijn verder van toepassing, tot ze door een andere afspraak worden vervangen (Bedrijfsovereenkomsten of individuele overeenkomsten).

Komt op vrijwillige basis geen regeling over de consequentie van de beëindiging tot stand, dan blijft alleen nog het opzeggen van de arbeidsovereenkomst, voornamelijk de wijzigingsopzegging.

De consequentie strekt zich echter niet op alle normen uit. Zo hebben bv. afsluitingsnormen (Motivering van arbeidsverhoudingen) geen nawerking. Collectieve arbeidsovereenkomsten kunnen alleen maar op zulke arbeidsverhoudingen nawerken, op die ze ook tijdens het bestaan van de overeenkomst hebben gewerkt, niet op zulke, die eerst na hun beëindiging werden afgesloten.

24.7 Werknemer- detacheringwet (AEntG)

De werknemer- detacheringwet (AEntG) regelt de gevallen van detachering van werknemers uit buitenlandse ondernemingen naar Duitsland.

Het AEntG heeft als doel, dat Duitse ondernemingen, van desbetreffende bedrijfstakken, gezien de stijgende concurrentiedruk beschermd moeten worden.

Het AEntG kenmerkt zich door de volgende regelingen:

- Gedetacheerde werknemers, vallen onder de voor algemeen verbindend verklaarde tariefovereenkomsten ten opzichte van het minimumloon, de duur van de vakantie en het vakantiegeld. De buitenlandse werknemers zijn onderhevig aan het vakantie fondsen procedé. Uitdrukkelijk geregistreerd worden ook de verleners.
- Minimum voorwaarden volgens tarief kunnen ook met een rechtsverordening van de naar Duitsland gedetacheerde werknemer geëist worden.
- Voor buitenlandse werkgevers gelden uitgebreide melde, aantekening- en bewaarplichten voor hun werknemers in Duitsland.
- Volgens de generale aansprakelijkheid van de ondernemers van § 1a AEntG is de ondernemer aansprakelijk, dat de voor hem opererende subondernemers het minimumloon betalen en de premies voor een gezamenlijke voorziening van de collectieve overeenkomst partijen.

Bij overtredingen dreigen boetes tot aan 500.000 € oftewel tot 25.000 €.

Volgens § 6 AEntG zijn de opdrachtgevers vanaf een geldboete van 2.500 € voor een gepaste tijd, tot dat ze kunnen aantonen dat hun validiteit is hersteld, van openbare opdrachten uitgesloten.

Geldige en door rechtsverordeningen bindende minimumloon- en collectieve arbeids overeenkomsten uit hoofde van de arbeidnemer- en detacheringwet, zijn er momenteel in elektrahandwerk, in bouwhandwerk en in afbraakbedrijven, in schilder- en lakker handwerk, dakdekkerhandwerk, briefdienstverleningen evenals in de schoonmaak.

25 Arbeidsstrijd

Kunnen de collectieve overeenkomst partijen in het kader van een conflict geen overeenstemming bereiken, dan staat hun de arbeidsstrijd als laatste middel ter beschikking. Arbeidsstrijdmiddel van de werknemerskant is daarbij de staking, arbeidsstrijdmiddel van de werkgeverskant is de uitsluiting.

25.1 De staking

Staking is het gemeenschappelijke, en volgens plan doorgevoerde stop zetten van het werk van een aantal werknemers, om met de hiermee uitgeoefende druk een bepaald gevechtsdoel te bereiken, en na het beëindigen van de strijd het werk weer op te pakken. Onder deze gezichtspunten stelt de rechtspraak aan de rechtmatigheid van een staking de volgende voorwaarden:

Vakbondorganisatie

Een staking mag alleen van een vakbond met het doel, een collectieve arbeidsovereenkomst af te sluiten, doorgevoerd worden. Is dit niet het geval, dan handelt het zich om een »wilde staking«, die illegaal is.

Toelaatbaar gevechtsdoel

Doel van een staking moet het afsluiten van een collectieve arbeidsovereenkomst zijn, dh. de staking mag alleen doorgevoerd worden, als een volgens tarief regelbaar punt strijdig is, en de vakbond druk op de werkgeverskant wil uitoefenen. Niet toelaatbaar zijn stakingen die politieke doelen af willen dwingen, demonstratie stakingen, om druk op de regering uit te oefenen, of sympathie stakingen.

Het in acht nemen van de plicht om vrede te stichten

De staking is alleen dan toegelaten, als de plicht om vrede te stichten niet meer bestaat. Zolang de collectieve arbeidsovereenkomst geldig is, zijn arbeidsstrijd maatregelen verboden. Hetzelfde geld, als tussen de collectieve overeenkomst partijen een geschillencommissie overeengekomen werd, tariefgeschillen te slechten. De in de overeenkomst aanwezige termijnen, zijn voordat de staking begint, na te leven.

Stelregels van de noodzakelijkheid

Als stelregel geldt het »ultimo ratio«-principe. Dh. er mag eerst gestaakt worden, als de tariefonderhandelingen mislukt zijn, en als de vakbonden met de werkgever (arbeidgever organisatie) geen overeenstemming kunnen bereiken. Het falen, hoeft niet formeel verklaard te worden. Reeds voor het mislukken van de verhandelingen mag een korte waarschuwingsstaking worden gehouden (Dreiggebaar).

Fairness

Een staking moet naar de regels van een fair-play strijd worden gevoerd, en mag niet gemikt zijn op het vernietigen van de tegenstander. Tot het principe van het voeren van een fair-play strijd hoort in het bijzonder, dat grove onwaarheden of opruiende strijd propaganda, het dreigen met geweld en geweldpleging achterwege blijven. Een Schending met voorbedachten rade, van een vakbond tegen deze beginselen, maken de gehele staking illegaal.

Uit de plicht van een fair-play strijd volgt ook de plicht van de vakbond, voorzieningen te treffen voor een nooddienst, als dit nodig is, om een buiten verhouding hoge schade af te wenden, of om de openbare zekerheid te waarborgen. Tot de nooddienst behoren in het bijzonder, zogenaamde werkzaamheden die nodig zijn om de installaties en bedrijfsmiddelen in stand te houden.

Het herstellen van de arbeidsvrede

Na het beëindigen van de staking moeten beide collectieve arbeidsovereenkomst partijen, tot een zomogelijk snelle en complete herstelling van de arbeidsvrede bijdragen.

Naleving van wettelijke strijd verboden

Een staking mag niet in strijd zijn met de wet. Daarom is de bedrijfsgrondwet, rechtelijke staking (§ 74 II BetrVG), en het staken van ambtenaren (Art. 33 V GG), niet rechtens.

25.2 De uitsluiting

De uitsluiting is de van een of meer werkgevers, een bepaald strijddoel dienend, stelselmatig tijdelijke, of voor onbepaalde tijd durende uitsluiting, van alle of een groter aantal werknemers van het werk. Een uitsluiting, die zich doelgericht alleen tegen de leden van de vakbond keert, maar niet georganiseerde werknemers uitspaart, is echter illegaal (schending van de coalitie vrijheid).

Voor de rechtmatigheid gelden verregaand de zelfde stelregels als voor de staking:

- De uitsluiting moet voor het bereiken van het strijddoel en de arbeidsvrede, die daar op volgt, geschikt zijn. Ze mag alleen het laatst mogelijke middel uitmaken.
- De regels van een fair-play strijd zijn in acht te nemen; de uitsluiting mag niet op het vernietigen van de tegenstander uitlopen.
- Het tariefgebied moet regelmatig als redelijke grens van het strijdgebied worden gezien. Een verder gaande uitbreiding van het strijdgebied door een uitsluiting, is in de regel voor het herstel van het verhandelingevenwicht niet noodzakelijk.
- Het aantal, dat buiten gesloten is, moet in verhouding staan tot het aantal stakende.
- Na het beëindigen van de uitsluiting, moeten de collectieve arbeidsovereenkomst partijen tot een snelle en uitgebreide herstelling van de arbeidsvrede bijdragen.

Bij de uitsluiting, is daar naar te differentiëren, of na het bereiken van het strijddoel, de werknemers weer gesommeerd moeten worden het werk weer op te nemen (=gesuspendeerde uitsluiting) of over een wederindienstneming te verhandelen is (=ontbindende uitsluiting).

De ontbindende uitsluiting is het tegenover de gesuspendeerde uitsluiting verder gaande strijdmiddel van de werkgeverszijde. Het is naar de stelregel van de evenredigheid alleen toelaatbaar, als de gesuspendeerde uitsluiting voor het bereiken van economische doelen van de werkgeverszijde als niet voldoende wordt geacht.

25.3 Uitwerkingen op de arbeidsverhoudingen

De uitwerkingen van een arbeidsstrijd op de rechten en plichten van arbeidsverdragspartijen, zijn daarvan afhankelijk, of de desbetreffende arbeidsstrijd maatregelen legaal waren of niet.

De arbeidsverhouding wordt door een legale staking niet opgeheven, maar alleen tijdelijk onderbroken. Er pozen de wederzijdse rechten en plichten:

- Werknemers, die aan de staking hebben deelgenomen, ontvangen geen loon oftewel geen salaris.
- De vakantie eindigt met de deelname aan een staking. Gaat een werknemer op reis, en eindigt de staking voor zijn terugkeer, dan ontbreekt hij ontverontschuldigd. Vakantie vergoeding en vakantiegeld worden voor de gestaakte tijd niet uitbetaald.

- Tijdens ziekte bestaat voor stakende geen salaris doorbetalingaanspraak.
- Een aanspraak op subsidie van de werkgevers op moederschapgeld hebben stakende niet.

Het deelnemen van werknemers aan een legale staking, geeft de werkgever niet het recht iemand op staande voet te ontslaan. Het deelnemen aan een legale staking, geeft de stakende werknemer ook omgekeerd niet het recht, eigendom van de werkgevers te beschadigen of superieuren en werkwillige werknemers daadwerkelijk aan te vallen. Verboden is ook de verhindering van de in- en uit stroom van goederen en cliënten, evenals de inhibitie arbeidswillige werknemers, aan het betreden van het bedrijf, voor zover dit boven het slechts toespreken, aan de staking deel te nemen, uit gaat.

Is een staking illegaal, ontstaan daar uit, omissie en uiteindelijk ook schadevergoedingseisen, tussen de zich strijdende partijen.

Een werknemer, die aan een illegale staking deelneemt, pleegt een arbeidscontractbreuk. De werkgever kan hem dan op staande voet ontslaan, als de werknemer met opzet heeft gehandeld, dh. als hem de omstandigheden bekend waren, waaruit de onwettigheid van de staking volgde. Tegen de vakbond, die een illegale staking ten uitvoer brengt en tegen de werknemers, die door eigen schuld - ook door onachtzaamheid – aan de illegale stakingen deelnemen, kan de werkgever schadevergoedingseisen invorderen.

Tijdens de legaal gesuspendeerde uitsluiting, rusten de wederzijdse verplichtingen uit het arbeidscontract. Na het beëindigen van de uitsluiting, moet de werkgever de schorsing in het kader van de mogelijkheden in het bedrijf, weer intrekken en de uitgesloten werknemer weer tot het werk toelaten. Tijdens de suspenderende uitsluiting kan de individuele werknemer zijn arbeidsverhouding te allen tijde op staande voet of binnen de gestelde termijn opzeggen. Het KSchG vindt volgens § 23 KSchG in het kader van een arbeidsstrijd geen toepassing. Ook § 9 MuSchG geld niet.

Ook als de arbeidsverhoudingen door een oplossende uitsluiting aanvankelijk werkzaam werden beëindigd, mag de werkgever een weer indienstneming alleen afwijzen, als dit arbitrair overeen komt. Dit is in de regel alleen dan het geval, als de arbeidsplaats van de betroffen werknemers definitief elders bezet, of door maatregelen in het bedrijf zijn weggevallen.

Bij een illegale uitsluiting blijven alle rechten en plichten uit de arbeidsverhouding bestaan; dh. o.a. dat de werknemer een aansprak op tewerkstelling en vergoeding heeft. Ontzegd de werkgever de tewerkstelling, raakt hij achterop met de aanneming, de werknemer heeft een aanspraak op vergoeding volgens § 615 BGB. Naast de aanspraak op vergoeding heeft de werknemer het recht op een opzegging naar termijn, of een buitengewoon ontslag.

25.4 Rechtsgevolgen voor derde

De arbeidsverhoudingen van werknemers, die niet aan een staking deelnemen, blijven onveranderd bestaan. Kan de werknemer zijn werk wegens de staking niet ten uitvoer brengen, dan is hij verplicht, andere toe moetbare werkzaamheden op zich te nemen. Dit geld niet voor »werk van stakingbrekers«, dh. werkzaamheden, die anders van stakende doorgevoerd zouden worden. Voor werknemers die gewild zijn te werken is de aanspraak op loon niet van toepassing, voor zover het presteren van werk door de staking onmogelijk is geworden (bv. tengevolge van een gedeeltelijke staking, is het gehele bedrijf tot stilstand gekomen).

De uitwerkingen van de arbeidsstrijd kunnen zich ook op de niet direct aan de arbeidsstrijd deelnemende derde uitstrekken.

Werknemers, in bedrijven waar niet gestaakt wordt, die wegens de staking (bv. ontbreken van materiaal) niet bezig gehouden kunnen worden, hebben voor de tijd dat het werk uitvalt, geen aanspraak op vergoeding, als de uitwerkingen van de staking in de bedrijven waar niet gestaakt wordt, de machtsverhouding van de strijd voerende partijen kunnen beïnvloeden, bv. als de voor de middellijk getroffen bedrijven bevoegde organisaties met de strijd voerende organisaties identiek of organisatorisch eng verbonden zijn. Bij het vastleggen, van welke werknemer in welke omvang wordt geschorst, staat de ondernemingsraad een mee bestemmingsrecht toe (§ 87 I Nr. 2, 3 BetrVG). Dit mee bestemmingsrecht ontvalt, wegens de neutraliteitsplicht van de ondernemingsraad in een arbeidsstrijd (§ 74 II BetrVG) dan, als delen van de door de ondernemingsraad vertegenwoordigde personeelsleden, zelf staken of buitengesloten worden.

Of de door impacts, op afstand betrokken werknemers, voor het korter werken geld krijgen, is daarvan afhankelijk, of de betrokken werknemers in een bedrijf werken, die de vakkennis en het ruimtelijke geldingsbereik van de zwaar bevochten collectieve arbeidsovereenkomst, toe te ordenen is (§ 146 I SGB III). Anders bestaat er geen aansprak op een uitkering (§ 146 III SGB III),

1. Als de betrokken werknemers in een bedrijf werken, die niet de ruimtelijke, maar wel de vakkennis, in het geldingsbereik van de zwaar bevochten collectieve arbeidsovereenkomst, toe te voegen is,
2. Als daar een vordering geëist werd, die met de hoofd eis van de arbeidsstrijd, naar aard en omvang gelijk is, zonder dat ze moeten overeenstemmen,
3. Als het resultaat van de arbeidsstrijd, in het vooruitzicht dat het ruimtelijke geldingsbereik van de niet bevochten collectieve arbeidsovereenkomst, voor het overgrote deel overgenomen wordt (plaatsvervanger arbeidsstrijd).

25.5 Arbeidsstrijd en bedrijfsgrondwet

Arbeidgever en ondernemingsraad mogen geen maatregelen, in de arbeid strijd, tegen elkaar kiezen (§ 49 BetrVG). De ondernemingsraad is door zijn ambt echter niet gehinderd, zich in zijn eigenschap als werknemer aan een, van zijn vakbond uitgeroepen staking, deel te nemen.

De medewerkingrechten van de ondernemingsraad rusten tijdens een arbeidsstrijd ongeacht de deelname aan een staking in zoverre, als daardoor de strijdpariteit geschonden zou kunnen worden. Bijgevolg zijn tijdens een staking wijzigingen van de arbeidsordening, arbeidstijd vragen, personele maatregelen enz. medezeggenschapsvrij, voor zover ze voor redenen van een arbeidsstrijd nodig worden.

Het toelaten van een bedrijfsvergadering tijdens een staking hangt daarvan af, of de vrede in het bedrijf wordt bewaard. Vergaderingen die ter stimulatie van de staking dienen, zijn geen bedrijfsvergaderingen.

26 De arbeidsrechtspraak

De arbeidsrechtspraak vormt een, uit het algemene civiele rechtsgebied losgemaakt zelfstandig werkterrein, van de rechtspraak. Naast de stelregels voor het gehele rechtswezen, gelden de speciale voorschriften van de arbeid gerechtswet (ArbGG), die wegens de gelijkvormigheid met het procedé van de algemene civiele rechtspraak veelvuldig naar de voorschriften van de grondwet van het gerecht (GVG) en de civiele proces ordening (ZPO)verwijzen. Materieel rechtelijk zijn vooral de verwijzingen op de voorschriften van het ZPO op de beslagleggingbeperkingen van het arbeidsloon (§§ 850 ff. ZPO) in acht te nemen.

De arbeid gerechtswet regelt in de eerste plaats de bevoegdheid van de arbeidsgerechten, hun opbouw, de loop van het proces evenals de partijvaardigheid en de procesvertegenwoordiging.

26.1 De rechtbank voor arbeidszaken

Gerechten voor arbeidszaken zijn de arbeidsrechtbank (ArbG), de nationale arbeidsrechtbank (LAG) en de federale arbeidsrechtbank (BAG) (§ 1 ArbGG). In het opzicht van de organisatie staan de arbeidsgerechten onder de sociale, oftewel arbeidsministeries.

De gerechten voor arbeidszaken zijn in alle drie de instanties collegiale rechtbanken, die zowel met beroepsrechters, als ook met paritaire vrijwillige rechters bezet zijn. Alle uitspraken en beschikkingen, die zonder mondelinge onderhandelingen verstrijken, beschikt de voorzitter alleen. De beroepsrechters, als voorzitter, moeten de bekwaamheid voor het rechter ambt hebben. In de collegiale rechtbanken zijn altijd twee vrijwillige rechters werkzaam, waarbij telkens, een uit de kring van de werkgevers, en een uit de kring van de werknemers, moet komen. De vrijwillige rechters worden uit de proposities van de werkgever- en werknemersorganisaties voor 5 jaar benoemd (§§ 16 II, 35 II ArbGG).

De ArbG zijn in alle gevallen, rechtbanken van eerste aanleg (§ 8 I ArbGG). De LAG zijn opperste federale rechtbanken. Evenals de arbeidsgerechten zijn ze in kamers onderverdeeld, en met een voorzitter en twee vrijwillige rechters bezet. Ze zijn in tweede instantie bevoegd

- In beroep te gaan tegen uitspraken van het ArbG (§ 8 II ArbGG) en
- Om een beroep te doen tegen besluiten van het ArbG (§ 8 IV ArbGG).

Het BAG is de derde, en laatste instantie van de arbeidsrechtspraak. Het is in senaten onderverdeeld. Iedere senaat werkt met vijf rechters: de voorzitter, bovendien twee beroepsrechterlijke bijzitters en twee vrijwillige rechters. In tegenstelling tot het ArbG en het LAG overheersen de beroepsrechters (§ 41 II ArbGG). Het BAG is bevoegd

- Tot herziening van het oordeel van de LAG en de sprong herziening tegen oordelen van het arbeidsgerecht (§§ 8 III, 72, 76 ArbGG),
- De directe klacht tegen het rejecteren om in hoger beroep te gaan (§ 77 ArbGG),
- De rechtelijke klacht tegen beschikkingen in beschikkingsprocedures (§§ 8 V, 92 ArbGG),
- De niet toelatingsklacht of rechtsklacht (§§ 72a, 92a ArbGG).

26.2 De procedurele categorieën

De arbeidsrechtelijke procedure laat tegenover de overige gerechtelijke procedures enige bijzonderheden zien, die met de behoeftes van het arbeidsrechtelijke proces rekening houden. Zo zijn de arbeidsgerechten ook met vrijwillige rechters bezet; in de 1. Instantie is het niet verplicht een advocaat in de arm te nemen, en de in het ongelijk gestelde partij is niet verplicht de kosten van de tegenstander te dragen. Een bijzonderheid is ook, dat al spoedig na het aantekenen van de aanklacht een zogenaamde rechtszaak ter minnelijke schikking plaats vind, in die geprobeerd wordt, de strijd in de minne te schikken.

Het ArbGG onderscheidt in 2 soorten procedures:

- Het oordeels proces en
- Het wijzing proces.

Het oordeelsproces is het frequentere (§§ 46 ff. ArbGG). Hier opteert het gerecht in dc regel over eisen tussen werkgever en werknemer, die uit de arbeidsverhouding ontstaan. De beslissing ontstaat in de vorm van een oordeel. Dit proces gelijkt, met uitnamen, het gewone civiele proces bij de ambtelijke- en federale gerechten.

De 5 bijzonderheden van het arbeidsgerechtelijke oordeelsproces				
Versnellingsstelregel (§ 9 I ArbGG)	Voor geschakeld proces voor minnelijke schikking (54 ArbGG)	Medewerking van lekenrechters (§ 20 ff. ArbGG)	Goedkoop proces, de kosten worden verwezen 1. Instantie (§§ 12, 12a ArbGG)	Bijzondere proces vertegenwoordiging (§ 11 ArbGG)

In het wijzing proces wordt vooral over de toepassing en de interpretatie van het BetrVG beslist (§§ 80 ff. ArbGG). Op de plaats van de strijdende partijen treden de »betrokkenen«. Beslist wordt door een scheidsrechtelijke uitspraak. Deze procedure heeft weinig overeenkomst met het burgerlijke strijdproces,

Die twee soorten van procedures onderscheiden zich daardoor, dat in het oordeelsproces de zelfde proces grondregels gelden als in een burgerlijk proces. In het wijzing proces echter, onderzoekt het arbeidsgerecht de stand van zaken in het kader van de gestelde verzoekschriften van ambtswegen (= Onderzoekingsstelregel).

Steekwoord register

Aansprakelijkheid 41
Achterstand 45
Afstand doen 76
Algemeen bindende collectieve arbeidsovereenkomst (CAO) 125
Arbeidsbescherming plicht 18
Arbeidsbescherming recht 111
Arbitrage commissie 95
Arbeidscontract 9
Arbeidsoord 16
Arbeidsongeschiktheid 33
Arbeidspapieren 75
Arbeidsplaats 89
Arbeidsprestatie 14
Arbeidsrechtspraak 135
Arbeidsstrijd 129
Arbeidstijd 15
Arbeidsverhouding 9

Beëindiging 52
Bedrijfseconomisch ontslag 65
Bedrijfsgrondwet recht 81
Bijzondere ontslag bescherming 67
Bedrijf- Ondernemen 6
Beroepsopleiding 91
Beroeps opleidende verhouding 29
Bedrijfspensioenen 74
Bedrijfsovergang 49
Bedrijfsmedezeggenschap 108
Bedrijfsvergadering 84

Collectief arbeidsovereenkomsten recht 122
Concurrentie verbod 18-72

Deeltijd arbeidsverhouding 25
De dood van de werknemer 53

Economische aangelegenheden 93
Economisch comité 84
Educatief verlof 38
Europese ondernemingsraad 98

Foutief arbeidscontract 52

Gedragsafhankelijke ontslag redenen 64
Geheimhoudingsplicht 18
Gelijke behandeling 19
Getuigschrift 77

Hulpkracht arbeidsverhouding 26

Indeling van het arbeidsrecht 1
Individueel recht 85
Informatie 80
Inhoud van de arbeidsverhouding 13
Inhoud van de opzegging 57
Insolventie 51
Interessen verevening 62
In werk stellen van een contract 10

Jeugd arbeidsbescherming 112
Jeugd vertegenwoordiging 85

Korter werken 47
Kuurmaatregelen 35

Leeftijd grens 53
Loondoorbetaling 33
Loonzekering 19
Loyaliteitsplicht 17

Manco aansprakelijkheid 42
Massaal ontslag 69
Mee bestemming 87
Moederschapzorg 38-114

Neven betrekking 17

Omzettingen 50
Ondernemingsraad 81
Ontslag omwille van wijziging van de arbeidsvoorwaarden 61
Ontslag op staande voet 59
Oordeels proces 137
Opheffingscontract 54
Opheffingsoordeel 53
Op leeftijd deeltijd 55
Onmogelijkheid 44
Ontslag beschermingsprocedure 68
Opzeggingsbescherming 61
Opzegging van het contract met termijn 58
Ouderdomsvoorziening 74
Ouderschapsverlof 38
Opzeggingsredenen 62
Opzegging 56-92
Overuren 18

Partijen van het arbeidscontract 6
Personele aangelegenheden 90
Personeel vertegenwoordigingsrecht 105
Personen afhankelijk ontslag 63
Prestatie storingen 44
Proef arbeidsverhouding 23

Rangopbouw 4
Rechtsbronnen 2

Schade vergoeding 54
Sluiting van een contract 11
Sociale aangelegenheden 88
Sociaalplan 69
Sociale arbeidsbescherming 113
Spreker commissie 100
Staking 129

Technische arbeidsbescherming 1
Tele arbeid 32
Terug betaling 74
Tewerkstellingsplicht 19
Thuiswerk 32
Toegang van de opzegging 56
Tijdelijke begrenzing 23-53

Uitbetalingsplicht 18
Uitbetaling van feestdagen 35
Uitsluiting 130
Uitvindingen 48

Vakantie 36
Verbeteringsvoorslagen 48
Verdragsvrijheid 11
Vormgeving van arbeidsplaats en arbeidsverloop 89
Vrijstelling 71
Vrije medewerkers 8
Vrije tijd voor het zoeken naar een baan 72

Werkgever 6
Werknemer afstand 28
Werknemer 6
Werknemer overeenkomstige personen 7
Werkelozengeld 45
Winter uitvalgeld 47
Wijzing proces 136

Ziek worden van een kind 39
Zoeken naar een baan 72
Zorgplicht 21
Zwaar gehandicapte bescherming 94
Zwaar gehandicapte vertegenwoordiging 102

Korenke

Das deutsche Sozialversicherungsrecht **Kompaktwissen für die Praxis**

Das deutsche Sozialversicherungsrecht umfasst die fünf verschiedenen, im Sozial- gesetzbuch kodifizierten Zweige der Sozialversicherung. Das sind die Arbeits- losenversicherung, die gesetzliche Kranken-, Renten- und Unfallversicherung sowie die soziale Pflegeversicherung. Das Sozial- versicherungsrecht dient ebenso wie das Arbeitsrecht in erster Linie dem Schutz der abhängig Beschäftigten. Allerdings sind die Rechtsbeziehungen zwischen den Trägern der Sozialversicherung (Bundesagentur für Arbeit, Kranken- und Pflegekassen, Berufsgenossenschaften, Rentenversicherung etc.) öffentlich-rechtlicher Natur.

Der vorliegende Titel gibt einen praxisorientierten Überblick über die wichtigsten Begriffe und Institute der Sozialversicherung. Ausführlich behandelt werden vor allem die Ansprüche der Versicherten auf Arbeitslosen- und Krankengeld, auf Rente wegen ver- minderter Erwerbsfähigkeit, auf Verletztenrente nach einem Arbeitsunfall sowie auf Pflegegeld. Überdies werden in dem jeweiligen Kontext die Rechtsmittel des Widerspruchs und der Klage beim Sozialgericht dargestellt.

ISBN 978-3-941388-03-1 Preis der Printausgabe: 19,80 €

Pulte

Beteiligungsrechte des Betriebsrates außerhalb der Betriebsverfassung

Kompaktwissen für die Praxis

Die betriebliche Mitbestimmung der Arbeitnehmer regelt das Betriebsverfassungsgesetz. Darin ist die Zusammenarbeit zwischen Arbeitgeber, Belegschaften, Betriebsrat, Gewerkschaften und Vereinigungen des Arbeitgebers festgelegt. Es beinhaltet die Regelungen von der Wahl des Betriebsrats als Interessenvertretung der Arbeitnehmer über seine Aufgaben bis zu seinen Rechten. Geregelt werden darin im Einzelnen Informations-, Anhörungs- und Mitwirkungsrechte des Betriebsrats.

Neben den Regelungen im Betriebsverfassungsgesetz sind in zahlreichen anderen Gesetzen, Verordnungen und Anordnungen Rechte und Pflichten des Betriebsrates geregelt bzw. dessen Einbeziehung vorgesehen.

In der Reihe „Kompaktwissen für die Praxis" wird eine neue Übersicht veröffentlicht, die nach Sachgebieten geordnet den wesentlichen Regelungsinhalt beinhaltet.

ISBN 978-3-941388-01-7 Preis der Printausgabe: 19,80 €

www.vprm.de

Bontrup, Hansen

Personalmanagement

Kompaktwissen für die Praxis

Das Buch Personalmanagement ist eine Aufsatzsammlung von prominenten WissenschaftlerInnen und PraktikerInnen.

Neben Fragen der Personalplanung und des Personal- controllings werden das Problemfeld der Führung im Unternehmen sowie die Theorie und Praxis aktueller Manage- mentkonzepte zur Modernisierung der Arbeitsorganisation angesprochen. Weitere Aufsätze beschäftigen sich mit einem internationalen Vergleich der Arbeitszeitorganisation im Betrieb und mit der theoretischen Analyse des Arbeitsentgeltes in Form eines volks- und betriebswirtschaftlichen Diskurses.

Den Abschluss des Buches bildet ein Beitrag zur Unternehmenskultur, Partizipation und Mitbestimmung.

Die vorgelegte Aufsatzsammlung eignet sich sowohl für Studierende der Wirtschaftswissenschaft mit den Schwer- punkten Arbeitsökonomie und Personalbetriebswirtschafts- lehre als auch für Praktiker im Bereich des Personal- management sowie für unternehmerische und betriebliche Mitbestimmungsträger.

ISBN 978-3-941388-17-8 Preis der Printausgabe: 19,80 €